Le jardin d'eau
Une vision écologique

Données de catalogage avant publication (Canada)

Bilodeau, Danielle, 1954-

    Le jardins d'eau : une vision écologique
    Comprend des réf. bibliogr.

    ISBN 2-89074-645-3

1. Jardins d'eau.   2. Aménagement paysager écologique.   3. Jardinage biologique. Titre.

SB423.B54 2001   635.9'67484   C2001-940372-0

Édition

Les Éditions de Mortagne
Case postale 116
Boucherville (Québec)
J4B 5E6

Distribution

Tél. : (450) 641-2387
Téléc. : (450) 655-6092
Courriel : edm@editionsdemortagne.qc.ca

Tous droits réservés

Les Éditions de Mortagne
© Copyright 2001

Dépôt légal

Bibliothèque nationale du Canada
Bibliothèque nationale du Québec
Bibliothèque Nationale de France
2e trimestre 2001

ISBN : 2-89074-645-3

1 2 3 4 5 – 01 – 05 04 03 02 01

Imprimé au Canada

Nous reconnaissons l'aide financière du gouvernement du Canada par l'entremise du Programme d'Aide au Développement de l'Industrie de l'Édition (PADIÉ) et celui du gouvernement du Québec par l'entremise de la SOciété de Développement des Entreprises Culturelles (SODEC) pour nos activités d'édition. Gouvernement du Québec – Programme de crédit d'impôt pour l'édition de livres – Gestion SODEC.

Danielle Bilodeau

Le jardin d'eau
Une vision écologique

Guide *À FLEUR D'EAU*

Illustrations par Paule Pintal
Concept des dessins par Robert Lapalme

Éditions de Mortagne

Remerciements, pour leur appui indéfectible depuis le début de notre aventure aquatique...

à Line Beaulieu pour avoir baptisé *À FLEUR D'EAU* ;
à Régis Millereau pour ses concepts, sa créativité et pour Lady d'eau ;
à tout notre personnel pour sa passion et son implication quotidienne ;
à notre clientèle qui partage avec nous sa passion, ses succès et ses questionnements.

Un grand merci à nos fidèles collaborateurs et collaboratrices...

Paule Pintal, artiste à la plume magique ;
Francine Desrochers, de *Brio Design*, infatigable infographiste ;
Jean-Claude Hurni, photographe émérite ;
Jean-Claude Vigor et Michelle Guay de l'ITA de Saint-Hyacinthe pour l'intérêt qu'ils ont manifesté à nos projets ;
Bertrand Dumont pour ses précieux conseils pour le développement du parc floral.

Sans oublier ceux et celles qui ont ajouté leur touche personnelle à ce livre :

Julie Dansereau, architecte de jardins ;
Sylvain Racine, aménagiste ;
Dominique Lapalme, horticulteur ;
Guy R. Lambert, architecte et aménagiste ;
Régis Millereau, concepteur et aménagiste.

À nos enfants,
Rachel-L, Sarah-L, Daniel et Dominique pour la suite du monde.

À Robert Lapalme,
avec qui tout est possible,
la vie de tous les jours,
l'amour et les rêves et les projets.

TABLE DES MATIÈRES

Préface

Révolution dans les jardins d'eau !

Jusqu'à aujourd'hui, créer un espace aquatique résidentiel au Québec relevait plus, pour les amateurs débutants, de l'acrobatie et du puzzle que du jardinage. Pour obtenir toute l'information voulue, il leur fallait glaner des articles de magazines ici et là, consulter plusieurs livres, dont les miens, enregistrer des émissions de télé, etc. Une fois résolu le casse-tête de la classification de leurs notes, ils devaient compléter leur formation autodidacte chez le premier spécialiste annoncé. Mais malgré la bonne volonté de l'expert consulté, les candidats à la passion de l'eau domestiquée ne pouvaient quand même pas prétendre à un cours complet sur mesure.

À la fin de leur recherche, il restait malgré tout aux néophytes patients et courageux au moins un million de questions, du genre : qu'est-ce que je fais ? par quoi je commence ? qu'est-ce que j'achète ? comment je m'organise ? Maintenant, tout ce remue-ménage est terminé ! Je connais Danielle Bilodeau et Robert Lapalme depuis leur entrée discrète dans l'horticulture ornementale québécoise,

il y a plus de quinze ans. Danielle a mis la somme de leur savoir, de leur expérience et de leurs connaissances de jardiniers dans un guide à la fois clair, complet, juste et détaillé.

Vous voulez apprendre comment dessiner et construire un bassin ? comment en aménager le pourtour ? comment filtrer l'eau avec des plantes ? Vous voulez découvrir tous les animaux de l'onde ? Vous souhaitez créer un petit marais au lieu d'un étang ? Tout est dans ce livre, à portée des yeux. De plus, les questions que vous ne vous êtes pas encore posées ont chacune la bonne réponse. Pour couronner le tout, vous trouverez aussi de quoi faire grandir votre enthousiasme et entretenir votre plaisir, tout en vous émerveillant.

Avec leur entreprise florissante et leur magnifique parc floral à Stanbridge East, Danielle Bilodeau et Robert Lapalme, qui m'ont beaucoup appris, sont la preuve éclatante que le succès d'un jardin d'eau – peu importe l'échelle – sourit aux entrepreneurs tenaces.

Benoît Prieur

Nous avons voulu que ce manuel d'instructions se « déroule » comme une consultation auprès de notre clientèle, c'est-à-dire que pour un jardin d'eau réussi, il faut avant tout comprendre l'équilibre de l'eau, les interactions de ses composantes et l'incidence des gestes que nous posons. Ensuite on est prêt à construire le jardin d'eau. Une fois le bassin creusé et les membranes installées, on aménage les bordures puis on travaille sur la cascade ou le ruisseau et puis c'est la plantation suivie de l'introduction des poissons, pour finalement discuter de l'entretien régulier. La dernière partie est consacrée aux questions les plus fréquentes. Une certaine redondance est inévitable ; tout comme dans la nature, tout est interdépendant dans le milieu aquatique, c'est un écosystème qui trouve son équilibre en lui-même. Comprendre le milieu aquatique à l'échelle du jardin d'eau avec une vision écologiste est un pas vers la sauvegarde de notre bien le plus précieux, à l'échelle planétaire, soit l'eau.

Nous avons demandé à madame Julie Dansereau, architecte de jardins et professeur en art des jardins à l'ITA de Saint-Hyacinthe, de nous faire partager sa réflexion sur l'eau dans le jardin :

L'eau transporte avec elle son image de créatrice. Elle bouge, se promène, s'épuise parfois, mais revient toujours à sa source. Jouer avec l'eau, c'est jouer avec un morceau de vie.

L'eau est chez nous une force tranquille et elle doit sa forme d'étang ou de lac aux petites coulées qui sillonnent le paysage et qui se donnent rendez-vous en un point naturellement découvert. C'est un véritable morceau de paysage.

L'image de l'eau et la volonté de l'avoir comme matière vivante dans son jardin ramènent automatiquement le sens du jardin en lui-même. Le temps fabrique les lacs et les rivières, il transforme la nature et la mène à un équilibre dont on doit s'inspirer. Quand l'envie de garder une eau douce nous tiraille l'imagination, prenons le temps de faire de bons choix de plantes, de réfléchir à sa signification et de chercher le compagnon idéal à l'âme de notre jardin. C'est ainsi que nous ferons faire des petits à nos majestueux paysages d'eau !

Introduction

Le jardin d'eau, le jardinage aquatique... Qu'est-ce qu'on n'invente pas de nos jours ! Rien de nouveau pourtant dans le concept, c'est-à-dire un bassin, de l'eau et des plantes aquatiques. Pas besoin d'arroser, pas besoin de désherber, pas d'algicide, pas de pesticide, pas d'herbicide, pas..., pas... d'entretien ou si peu. Aucun mystère autre que celui de la nature. Les plantes jouent, dans leur environnement aquatique, les mêmes rôles que ceux des arbres et des plantes dans l'environnement terrestre. Sans entrer dans les détails immédiatement, mentionnons quelques mots clés : oxygénation, épuration et équilibre naturel. Il est donc possible de créer un biotope chez soi, avec un bassin rempli d'eau et le bon choix de plantes aquatiques. Une fois la plantation terminée, la vie peut s'installer dans le jardin d'eau et s'y épanouir. Vous aussi, vous pouvez vous détendre, avec beaucoup de plaisir, à côté du bassin et même dedans, si le cœur vous en dit !

On entend souvent dire qu'un jardin d'eau, c'est dispendieux, ça exige une grande cour, c'est compliqué et difficile à entretenir. Un jardin d'eau, c'est beau, mais ce n'est pas pour moi ! Vraiment ?

Il est vrai qu'un jardin d'eau mal fait peut devenir un cauchemar ! Il est vrai que, mal conseillé, vous risquez de vous retrouver avec des dépenses faramineuses pour corriger les erreurs de conception.

Jardins d'eau : *Il y en a de tous les styles, pour toutes les bourses, et pour tous les espaces, grands ou petits. À partir du pot sur le balcon jusqu'à l'étang de Monet !*

Le jardin d'eau que l'on vous propose est en fait un biotope idéal, c'est-à-dire simple à réaliser, facile d'entretien et d'un grand intérêt écologique. Nous n'aborderons que très brièvement l'historique des jardins d'eau. Nous ferons un survol très rapide des styles de jardins. Nous nous attarderons sur tous les éléments qui rendent un bassin attrayant, équilibré et apaisant. Nous mettrons en place toutes les informations nécessaires à la compréhension du biotope pour vous simplifier la vie et rendre agréable votre jardinage aquatique. Respect de l'eau, harmonie avec la nature et détente pour vous, voilà les objectifs à atteindre dans votre aménagement aquatique.

Un jardin d'eau, c'est un monde à découvrir, c'est la nature dans votre cour, c'est aussi un moyen extraordinaire d'enseigner aux enfants le respect de leur environnement.

Chapitre 1

LES JARDINS D'EAU

Des jardins, des fontaines, des lacs, des étangs aménagés, on en retrouve partout dans le monde : dans l'ancienne Égypte, il y a plus de 7 000 ans, dans les écrits de la Genèse où il est dit : « … et une rivière est sortie de l'Éden pour arroser le jardin, et là elle s'est divisée en quatre… » (traduction libre), dans les jardins anglais du XVIIIe siècle, dans les jardins flamboyants de la Renaissance italienne, où fontaines et jets d'eau jaillissaient pour le plaisir de la noblesse. Sans oublier Versailles et ses centaines de fontaines actionnées par des pompes installées dans la Seine.

Toutefois, c'est à la fin du XIXe siècle que le concept de jardin d'eau tel qu'on le connaît aujourd'hui a vraiment pris naissance. Trois éléments ont permis l'élaboration du jardin d'eau contemporain :

- Le bassin artificiel, grâce à la mise au point des bassins en béton ;

- Les plantes aquatiques, grâce à la passion d'un hybrideur prolifique, Joseph Bory Latour-Marliac, né en France, à Temple-sur-Lot, en 1830 ;

- La notion d'équilibre de l'eau par les plantes grâce à une recherche dans le domaine de la biologie qui démontrait l'interdépendance des plantes, de la vie animale et de l'eau. Cette recherche a été effectuée au XIXe siècle.

Un engouement pour les jardins d'eau et pour les *nymphaea* s'est manifesté à la suite des travaux de Joseph Bory Latour-Marliac. Suite à un article paru en 1858 sur les nymphéas indigènes, Latour-Marliac forme le projet de créer des cultivars de nymphéas. De ses nombreux voyages, il rapporte toute une collection de *nymphaea* de partout dans le monde dans le but d'en percer le mystère et de réussir à créer des hybrides de formes et de couleurs variées. Après plusieurs années d'efforts et de recherche, c'est en 1877 qu'il réussit à obtenir une nouvelle variété rustique, le Nox *Marliacea Chromatella*. Selon certains documents retrouvés aux Établissements Botaniques Latour-Marliac dans les années 1990, il semble qu'un lien d'amitié se soit établi entre Claude Monet et cet horticulteur de génie, maintes fois décoré pour ses travaux. Celui-ci avait mis au point une technique d'hybridation qu'il n'a révélée à personne. Grâce à cette technique, il nous a laissé en héritage plus de soixante-dix hybrides de *nymphaea* d'une grande beauté, dont la plupart sont encore cultivés de nos jours.

Depuis, un seul hybrideur a surpassé Latour-Marliac. Il s'agit d'un Américain, monsieur Perry D. Slocum. À partir des années 1960, Slocum a mis au point un nombre incroyable de cultivars extraordinaires, rustiques et tropicaux, et il est le « père » de nombreux lotus hybrides de toute beauté.

C'est au tournant du XXe siècle que de nouveaux cultivars ont été mis sur le marché anglais et sur le marché américain. Le premier catalogue de plantes aquatiques a été retracé au New Jersey, en 1881 (Sturtevant). Une des premières pépinières de plantes aquatiques a vu le jour au début des années 1900 à Philadelphie (Dreer Nurseries). La plus vieille entreprise de ce genre aux États-Unis date de 1895 et elle a encore pignon sur rue (William Tricker Inc.). Plus près de nous, signalons qu'une entreprise ontarienne, Moore Water Garden, produit des plantes aquatiques et offre des produits pour les jardins d'eau depuis la fin des années 40.

Au début des années 80, il y a eu un essor de l'horticulture en général, tant aux États-Unis qu'au Canada. Au Québec plus particulièrement, les sociétés d'horticulture et d'écologie, les concours Villes et Villages fleuris, les cours de formation et les comités d'embellissement, entre autres, ont permis de sensibiliser la population à l'horticulture ornementale puis de populariser cette activité.

Pendant ce temps, le concept de jardin d'eau se raffinait grâce aux études de plus en plus nombreuses qui ont été menées sur la capacité d'épuration de l'eau par les plantes aquatiques. De nouveaux matériaux ont été mis au point pour la réalisation des bassins d'eau, tels la fibre de verre, le PVC, le *butyl-rubber* et l'EPDM, en même temps que de nouvelles pompes adaptées aux jardins d'eau arrivaient sur le marché.

C'est au cours de cette deuxième vague que des « pionniers » se sont établis dans les Cantons de l'Est avec, comme premier défi, la tâche de mesurer la rusticité des plantes aquatiques sous notre climat. Quand l'entreprise *À FLEUR D'EAU* a vu le jour en 1987, ce fut une petite révolution dans le milieu de l'aménagement et de l'horticulture. Elle offrait des plantes aquatiques rustiques, cultivées chez nous, des matériaux adaptés à notre climat ainsi que des informations relatives à la réalisation et à l'entretien du jardin d'eau et à l'équilibre de l'eau.

Tout était nouveau : le concept, les produits, les connaissances. À cette époque, il faut dire que peu de gens prenaient tout cela bien au sérieux. Quelques concepteurs aménagistes comme Claude Girouard et Régis Millereau étaient à l'avant-garde du « mouvement aquatique » dès le milieu des années 80 et nous les remercions sincèrement de leur appui ainsi que Milan Havlin, professeur en aménagement, Fred Oemichen, professeur en architecture du paysage, et Jean-Claude Vigor, professeur en horticulture, pour leurs encouragements dès le début de notre aventure. Les preuves sont maintenant faites : un jardin d'eau au Québec, c'est possible, c'est beau, cela s'entretient bien et c'est durable !

Depuis quinze ans, nous avons développé une expertise du milieu aquatique (jardins d'eau, lacs et étangs) avec une façon de faire respectueuse de l'environnement.

Nous sommes en formation continuelle – Robert Lapalme termine un diplôme de deuxième cycle en environnement – et nous tentons de demeurer à la fine pointe des recherches qui se font dans ce domaine.

Nous sommes convaincus qu'une approche « écologiste » des jardins d'eau peut faire une différence dans l'éducation relative à l'environnement, du plus petit au plus grand.

Chapitre 2

QUELQUES DÉFINITIONS DE STYLES

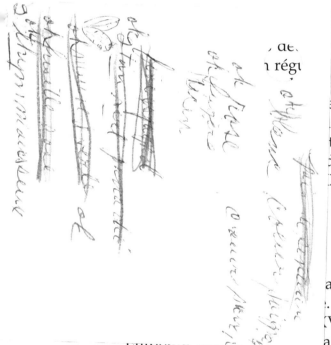

...ands types de
...n régu... qui impose sa
...tiquée (les jar-
...e ou les jardins
...e) et le jardin
...toresque d'un
...dins anglais ou
...Xᵉ siècles)*.

...référence aux
...alienne par son
... La ligne direc-
...VIIᵉ siècle en
...Europe a été ... a nature et ses
éléments à travers une vision d'ordre uni-
versel. De nos jours, on s'inspire de cette
tradition pour aménager des plans d'eau de
forme régulière, c'est-à-dire ronds, carrés ou
rectangulaires, avec une notion de symétrie
très précise. Le jardin formel est bien servi
par les nouveaux matériaux sur le marché,
tels les blocs pour muret qui permettent la
réalisation de grands ou de petits jardins
hors sol avec une conformation définie.

Cette structure déterminée se marie bien
avec les maisons de briques de style ancien
ou moderne. Les statues et les sculptures
figuratives ainsi que les jeux d'eau occupent
une place de choix dans le jardin d'inspiration classique.

Le jardin naturel

En Angleterre, c'est au XVIIIᵉ siècle que
l'usage de l'eau, du point de vue strictement
décoratif, a fait sa marque dans l'aménagement des jardins. Il y a bien eu une mode de
jardins formels au XVIIᵉ siècle, mais Lancelot
« Capability » Brown réaménagea pratiquement tous les jardins d'envergure en Angleterre. Il leur donna un style dit « naturel »,
devenu par la suite le style anglais, où l'étang
jouit d'une très grande importance. Pour
nous, le jardin d'eau s'inspire directement
de la nature. Ici, on ne la dompte pas, on
l'apprivoise. L'observation des lacs, des
cascades, des chutes et des ruisseaux dans
leur environnement est la source d'inspiration qui vous guidera dans l'élaboration de
votre jardin plus vrai que nature !

* *Le Petit Larousse*, édition 2000.

1a. JARDIN DE VILLE D'INSPIRATION CLASSIQUE

Deux côtés sont bordés par un muret de pierres, ce qui permet d'encastrer le bassin dans une dénivellation. Les deux autres côtés sont bordés de dalles pour faciliter l'accessibilité au jardin d'eau. Le niveau d'eau peut varier selon son emplacement : de quelques pouces en façade d'une résidence à quelques pieds dans un espace protégé.

Régis Millereau, de *Rêverives*

1b. OASIS MÉDITERRANÉENNE

Bassin formel carré, rectangulaire ou sphérique. Une partie du bassin est hors terre et permet de le contempler en s'y assoyant. La partie centrale peut être creusée pour obtenir un plus grand volume d'eau. Une fontaine donne de la hauteur au concept et une sonorité au bassin. Le pourtour du bassin est en pierre. Une tonnelle peut border le bassin pour accentuer le décor.

Régis Millereau, de *Rêverives*

2. JARDIN NATUREL D'INSPIRATION ANGLAISE

3. JARDIN D'INSPIRATION CHINOISE

4. JARDIN D'INSPIRATION JAPONAISE

Le jardin chinois

En Chine, on peut retracer les premiers jardins savamment construits à partir de roches et d'eau pour représenter l'harmonie, l'équilibre entre le *yin* (eau) et le *yang* (roches), un concept inspiré de la philosophie taoïste, laquelle remonte à plus de 4 000 ans. Par opposition au jardin japonais, le jardin d'inspiration chinoise se distingue par son apparence naturelle, par la domination des grandes roches aux formes très recherchées utilisées comme sculptures, puis par l'énergie qu'il dégage. Le *chi*, l'énergie vitale, doit circuler librement dans le jardin chinois. L'amalgame de la magie, de la philosophie et de la spiritualité propres au *Feng Shui*** y est respecté. C'est un lieu de ressourcement.

Le jardin japonais

Inspirés par la culture chinoise depuis des millénaires, les Japonais ont eux aussi développé un style de jardin où l'eau est privilégiée. Au tournant du XXe siècle, le jardin japonais au caractère mystique et le

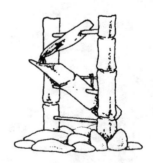

Bambou *Shishiodushi*

---

*   Le *Feng Shui* est une tradition chinoise qui se perpétue en Occident depuis le début des années 90. À noter que d'excellents livres sur le *Feng Shui* sont disponibles sur le marché.

jardin de thé ont été introduits en Occident. Des jardins monochromes, avec quelques touches de couleurs provenant des fleurs de nymphéas, pour ne pas distraire l'esprit ; des jardins où la disposition et la délicatesse des roches invitent à la contemplation et au repos de l'esprit. La simplicité et l'absence de géométrie caractérisent ce style d'aménagement.

Y a-t-il un style québécois ?

Voici ce qu'en pense Julie Dansereau :

Lorsque l'on aborde la question du style, en l'occurrence celui qui devrait illustrer notre manière de voir les paysages québécois, on constate tout de suite la tendance vers une expression plus naturelle du jardin d'eau. Ce penchant découle notamment des grandes étendues et des plantations aux allures plus sauvages qui les entourent. L'idée du marais est aussi en développement. Plus complexe dans son entité, le marais représente pourtant une nature plus vraie ; un équilibre entre l'eau et ses habitants, à pattes comme à feuilles. Cependant, l'étang, comme le marais, suppose une surface favorable à son épanouissement. Il faut donc être vigilant quant à sa position sur un terrain afin d'éviter une disproportion des masses. L'équilibre entre l'eau et les plantes est primordial, surtout si on désire recréer une portion de paysage qui ait un sens. Il serait pertinent de se référer à la vision chinoise et japonaise des jardins d'eau pour mieux comprendre la notion de sobriété et de puissance à la fois qui en émane. En ce qui a trait aux espaces plus restreints, il serait intéressant de se tourner vers l'Europe, reconnue pour ses jardins d'eau aux formes géométriques. En jouant sur leur format, on pourrait très bien adapter les jardins à nos conditions environnementales et à notre précieuse flore. En plus de nous faire honneur, ce serait fort original. On aurait alors une autre interprétation de style d'un jardin d'eau. En conclusion, l'élément à retenir demeure le respect du symbole de l'eau et de sa relation avec son entourage, sans oublier la notion du temps qui façonne la nature au gré des saisons.

L'atmosphère

Un style, votre style.

L'unité de style est un gage de succès. Évitez les mélanges, tant dans les styles que dans les matériaux. Par exemple, les roches devraient toutes avoir la même provenance pour l'homogénéité du paysage. Si plusieurs genres vous inspirent, divisez votre espace à l'aide de barrières visuelles. Créez ainsi des atmosphères distinctes dans différentes zones du jardin. Faites-vous plaisir.

Prenez le temps d'effectuer un peu de recherche. Des livres magnifiques traitant des jardins peuvent vous guider dans l'élaboration du style à donner à votre aménagement. Consultez des professionnels, autant pour la sélection des plantes que pour la conception globale de l'aménagement. Mettez vos idées sur papier et imaginez-vous assis au jardin en train de relaxer. Un jardin est un lieu de vie où il fait bon se ressourcer.

Chapitre 3

LE CONCEPT DU JARDIN D'EAU

Le plaisir du jardin d'eau naît de la fascination de l'eau, de la sérénité qu'elle inspire, de la beauté et du mystère des plantes aquatiques, du murmure de la cascade ou du ruisseau, de la nature à la portée de la main. La réalisation d'un jardin d'eau est souvent le début d'une passion pour l'horticulture pour beaucoup de non-initiés.

Le concept du jardin d'eau : Il est tout simple, un bassin, de l'eau et des plantes. Un bassin artificiel petit ou grand, imperméabilisé par une membrane et toujours la même eau épurée par les plantes. Aucun gaspillage puisqu'on ajoutera de l'eau seulement pour pallier à l'évaporation.

Les plantes sont essentielles à tout le processus d'oxygénation et de filtration pour conserver une eau propre, vivante et limpide. Il n'en demeure pas moins que le milieu aquatique peut aisément subir un déséquilibre à cause d'une canicule, de vagues de temps froid, de pluies abondantes, de nuées d'oiseaux venant s'abreuver, d'une surpopulation de poissons. Par conséquent, les plantes ne suffisent parfois plus à la tâche. On envoie alors quelques renforts qui viennent compléter le travail des plantes : des bactéries, un écran solaire ou un liquide qui facilite la floculation des particules en suspension ou encore un apport mécanique d'oxygène.

Aux yeux de beaucoup de gens, le plaisir du jardinage aquatique resterait incomplet sans le murmure de la cascade ou du ruisseau. Ces éléments-ci peuvent être construits en même temps que le plan d'eau initial ou ajoutés un peu plus tard. On n'a qu'à disposer une membrane indépendante sur un talus. On utilise quelques roches pour la camoufler et on installe une pompe dans le bassin pour faire tourner l'eau en circuit fermé.

Détendez-vous au doux clapotis de l'eau qui coule sur les roches.

Chapitre 4

L'ÉCOLOGIE DE L'EAU

Les composantes du milieu aquatique*

Le jardin d'eau, c'est naturel. C'est un biotope qui s'autorégulera dans la mesure où toutes les conditions seront réunies pour assurer son équilibre. Rien de mieux que de connaître ses composantes et leurs interactions pour comprendre ce qui se passe dans un plan d'eau.

Les principales **composantes chimiques** de l'eau (H_2O) sont l'hydrogène (H), l'oxygène (O) et les sels minéraux. La teneur en minéraux de l'eau varie d'une région à l'autre (peu importe que l'eau vienne d'un puits ou d'un aqueduc) puisque la roche mère d'où elle provient est aussi de composition variable. Par exemple, une forte teneur en fer ou en soufre peut donner une certaine coloration ou une certaine odeur à l'eau. Un autre exemple des composantes variables de l'eau, selon la géologie du milieu, c'est l'alcalinité des eaux situées à l'est du fleuve Saint-Laurent. Celles-ci ont un pH très élevé comparativement aux eaux que l'on retrouve à l'ouest du Saint-Laurent qui, elles, sont plus acides et ont un pH plus bas.

Les minéraux : L'eau, une fois rendue dans un bassin, a une teneur en minéraux qui, en plus de varier d'une région à l'autre, est affectée par les conditions climatiques et environnementales.

Les sels minéraux sont des composés phosphorés et azotés dégagés par les feuilles mortes, le gazon coupé, les fertilisants, les déchets de poissons, les surplus de nourriture laissés par les poissons, les micro-organismes amenés par les pluies, par le vent, par l'eau de ruissellement et même par l'eau du robinet, qui est elle aussi saturée d'éléments dont se servent les algues pour se nourrir et proliférer.

---

* Tiré du livre : *Comment créer un lac ou un étang*, Robert Lapalme, Boucherville, Éd. de Mortagne, 1999, 181 p.

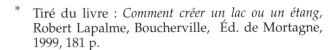

Les composantes chimiques sont des éléments intrinsèques de l'eau. Par contre, les **composantes vivantes** ont besoin de diverses conditions pour s'installer dans le jardin.

- Les bactéries ou micro-organismes (zooplancton) prennent de cinq à neuf semaines pour se développer naturellement.

- Le périphyton (les animaux minuscules qui s'accrochent aux plantes) ne pourra évidemment pas se développer tant qu'il n'y aura pas de plantes aquatiques.

- Pour ce qui est du neuston (les animaux qui vivent sur l'eau et juste sous la surface de l'eau), il peut mettre quelques semaines pour s'implanter, selon la période de l'été et l'emplacement du bassin.

Les **insectes** environnants, qui constituent une partie du garde-manger du plan d'eau, vont graduellement peupler celui-ci. La présence de plus gros insectes, de ceux qui requièrent une nourriture abondante comme les libellules, nous indique que les réserves sont suffisantes. Une libellule, ou demoiselle, qui volette au-dessus de notre jardin est un signe que le biotope est riche et équilibré.

Le **phytoplancton** (les algues) s'établira de lui-même, puisqu'il est naturellement transporté dans l'atmosphère par les vapeurs d'eau provenant de l'environnement. Ces algues peuvent donc se développer dès les premières semaines dans un plan d'eau.

Mais n'ayez crainte, le contrôle des algues va de pair avec l'équilibre de l'eau.

Les algues : De l'eau, des minéraux, de la lumière et... des algues, c'est naturel ! Ces algues sont même bénéfiques pour l'équilibre du biotope aquatique. Les algues sont des plantes simples dont la taille peut varier du grain microscopique, qui donne une coloration verte à l'eau, jusqu'aux longs rubans qu'on voit dans la mer, en passant par les algues filamenteuses qui ressemblent à des « cheveux d'ange ». Même si les algues sont peu appréciées du point de vue esthétique, il faut se rappeler qu'elles font partie de l'équilibre naturel de l'eau. Quand il est question de phytoplancton, tout est affaire de modération et de contrôle.

Pour résumer, disons que toutes ces composantes sont essentielles à la vie aquatique et qu'elles contribuent à maintenir une eau saine dans ce genre d'écosystème. C'est précisément pour cette raison qu'il faut éviter d'utiliser les algicides, car ces poisons détruisent bien plus que les algues et compromettent tout l'équilibre du milieu. Si vous choisissez de traiter l'eau avec de tels produits, vous devrez en ajouter constamment, comme c'est le cas pour une piscine, et vous contenter d'une eau en apparence claire, mais non adaptée à la flore et à la faune aquatique.

Le pouvoir des bactéries

Dans la section précédente, le mot clé qui a été utilisé en regard de la qualité de l'eau est passé presque inaperçu. Mais les

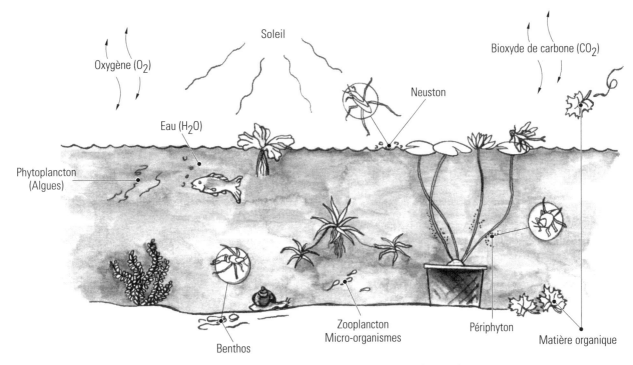

Soleil

Oxygène (O$_2$)

Bioxyde de carbone (CO$_2$)

Eau (H$_2$O)

Neuston

Phytoplancton (Algues)

Benthos

Zooplancton Micro-organismes

Périphyton

Matière organique

5. COMPOSANTES DU MILIEU AQUATIQUE

prochaines pages vont s'articuler autour de ce terme. Et c'est en allant fouiller dans son intimité qu'on pourra comprendre l'importance de cet élément, son rôle, son mécanisme de reproduction et qu'on pourra lui offrir les bonnes conditions pour qu'il accomplisse son travail. En lui cédant la place qui lui revient, on pourra être maître chez soi tout en respectant l'environnement.

Le zooplancton ! Voilà ! Le mot est lâché. La définition du plancton animal est celle-ci : « ensemble des êtres de très petite taille en suspension dans la mer ou dans l'eau douce »*. On utilise aussi le terme « micro-organismes » pour identifier le zooplancton. On se rapproche et ça devient de plus en plus intéressant. La langue française prend des détours inusités pour finalement nous faire réaliser que, pendant tout ce temps, on parle de bactéries.

C'est connu, certaines bactéries font peur. Mais elles sont, pour la plupart, bénéfiques (comme celles contenues dans le fromage et dans le vin) et elles jouent un rôle essentiel dans le recyclage de la matière organique qui compose les êtres vivants. Ce sont les épurateurs de tous les écosystèmes. Mais dans le jardin d'eau, à quoi servent-elles ?

- Les micro-organismes, ou flore batérienne, vont participer à la nitrification**, c'est-à-dire qu'elles vont transformer de l'ammoniaque (toxique) en nitrate, un élément absorbable par les plantes et non toxique pour la vie animale. C'est donc essentiel pour les poissons !

- Les micro-organismes vont se nourrir des **minéraux** contenus dans la colonne d'eau et ainsi faire compétition aux **algues**. C'est donc nécessaire pour une eau sans algue !

---

* *Le Petit Larousse*, édition 2000.

** Voir le diagramme page suivante.

- Les micro-organismes assimilent la matière organique (feuilles mortes, déchets des poissons) et la transforment en bioxyde de carbone (CO_2) et en eau (H_2O). C'est-à-dire qu'à toutes fins utiles, ils digèrent la couche de **sédimentation** qui s'accumule au fond du bassin et la font disparaître en grande partie. C'est donc indispensable pour une eau limpide sans matière organique en suspension !

La sédimentation : C'est la couche de déchets organiques qui s'accumule au fond du bassin. Cela exclut la terre brune, qui est inorganique ; les bactéries ne peuvent donc pas éliminer le sol qui tombe dans le jardin d'eau.

- Les micro-organismes **épurent** le milieu en éliminant les coliformes, à la manière des antibiotiques. C'est vital pour la qualité de l'eau de baignade !

Il s'agit là de bactéries spécifiques, avec chacune un rôle précis. Sans elles, pas d'équilibre et pas de qualité ! Mais qu'est-ce qui fait « courir » les bactéries ?

Elles sont gourmandes et efficaces mais, en regard de l'épuration de l'eau, elles ont besoin de deux choses :

- **des plantes aquatiques et**
- **de l'oxygène.**

Sans ces deux éléments, elles démissionnent. C'est alors la grève dans le jardin d'eau avec, pour conséquence, algues, eau verte ou brouillée, mauvaise odeur, poissons malades. Horrible !

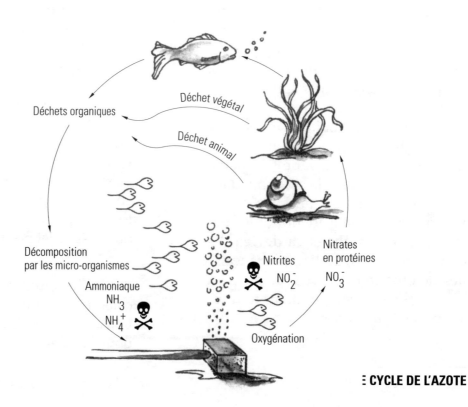

CYCLE DE L'AZOTE

Le cycle de l'azote (nitrification)

L'azote (N) est un des principaux éléments dont les plantes et les animaux ont besoin pour se nourrir. Les déchets produits par les poissons, par la nourriture excédentaire, par les feuilles mortes, par les larves, etc., produisent de l'ammoniaque (NH_3/NH_4), qui est toxique pour les poissons et non absorbable par les plantes. Les bactéries vont participer à la transformation de l'ammoniaque en nitrites (NO_2) puis en nitrates (NO_3), et ces derniers sont absorbables par les plantes et non toxiques pour la vie animale.

Un jardin d'eau, c'est un bassin, de l'eau et des plantes ! Et un jardin d'eau en santé, c'est un biotope avec des sels minéraux et des micro-organismes, tels le zooplancton, le phytoplancton, le neuston et les insectes. Tout ça dans une eau claire, limpide et saine.

Chapitre 5

DE L'EAU CLAIRE

Maintenant que les balises écologiques sont établies, il est possible de créer un écosystème qui respecte l'environnement.

Le désir secret de chaque propriétaire de jardin d'eau est d'avoir une « belle eau » sans se donner trop de mal ! Et qu'est-ce qu'une belle eau ? C'est une eau claire, ni verte ni brune, où on voit le fond, où on voit les poissons, où il n'y a pas d'algues. C'est tout simple.

On aura compris que l'eau du jardin aquatique doit être en processus d'épuration constant pour être belle et bonne. Bactéries, plantes et oxygène travailleront donc de concert pour atteindre ce but.

La phyto-épuration

La phyto-épuration, c'est l'épuration de l'eau par les plantes aquatiques. Les plantes ont un rôle diversifié et essentiel dans le processus d'épuration :

- Elles servent de support aux colonies de micro-organismes épurateurs. Les bactéries qui travaillent au niveau de la rhizosphère participent à la transformation de l'ammoniaque en nitrate non toxique.

- Elles absorbent les composés azotés et phosphorés de même que les oligo-éléments. Certaines plantes vont même jusqu'à utiliser les métaux lourds contenus dans certaines eaux usées.

Le phosphore (P) : *C'est un autre élément majeur utilisé par les plantes et par les algues. Les algues filamenteuses en raffolent particulièrement. Lorsqu'elles sont bien nourries par les composés phosphorés qui se dégagent des fertilisants, de l'eau de ruissellement, des restes de nourriture pour poissons ou de certaines roches calcaires, elles prolifèrent.*

- Les plantes participent à l'oxygénation du biotope aquatique par le phénomène de la photosynthèse ;

- Les plantes stabilisent la température de l'eau par le couvert végétal qu'elles procurent ;

- Elles constituent le point d'attraction de l'aménagement aquatique à cause de leur floraison spectaculaire, de leurs formes et de leurs feuillages variés.

Les plantes aquatiques sont utilisées de deux façons dans le jardin d'eau :

- En plantation : dans un pot, directement dans le bassin ou en pleine terre, en bordure du bassin, où le processus de filtration sera concentré sur les tiges ;

- En marais filtrant, où le processus de filtration sera concentré sur la rhizosphère grâce à la circulation de l'eau dans les racines des plantes.

De l'eau fraîche ! Plus l'eau se réchauffe, plus sa teneur en oxygène diminue. Pour garder l'eau fraîche, on jouera sur plusieurs éléments : la profondeur du bassin, l'ombre pour la cascade, le mouvement de l'eau, le **couvert végétal** et l'apport en oxygène complémentaire.

La filtration biologique, ou bioaugmentation

Il s'agit d'un autre terme pour désigner l'activité des bactéries dans le processus d'épuration. Il existe plusieurs souches, ou familles, de bactéries différentes, chaque famille ayant ses particularités et ses spécificités. Certaines familles travaillent mieux en eau froide, d'autres sont plus efficaces en

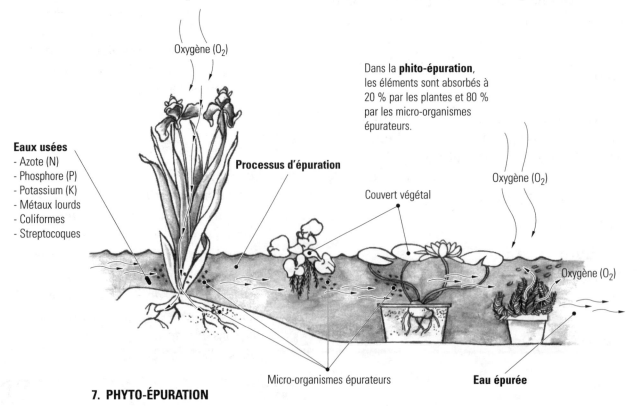

Oxygène (O_2)

Dans la **phito-épuration**, les éléments sont absorbés à 20 % par les plantes et 80 % par les micro-organismes épurateurs.

Oxygène (O_2)

Oxygène (O_2)

Eaux usées
- Azote (N)
- Phosphore (P)
- Potassium (K)
- Métaux lourds
- Coliformes
- Streptocoques

Processus d'épuration

Couvert végétal

Micro-organismes épurateurs

Eau épurée

7. PHYTO-ÉPURATION

eau chaude ; certaines contribuent à réduire l'ammoniaque, d'autres solubilisent la sédimentation, d'autres encore participent à la stabilisation des filtres biologiques.

Il est important de savoir que les différentes souches bactériennes, en plus d'avoir chacune un rôle spécifique à jouer, ont une longévité différente.

Pour s'assurer d'implanter au bon moment les souches de micro-organismes pertinentes, on procédera à la bioaugmentation, en ensemençant des souches spécifiques sur une base régulière. Les bactéries sont disponibles sous forme liquide, et quelques onces par semaine suffisent pour que tout notre petit monde soit présent et actif.

Dès la fonte de la glace (dans certaines régions, cela peut se produire au mois de mars), on commence à appliquer les micro-organismes destinés à réduire la matière organique (sédimentation). S'il y a des algues, on ajoutera des bactéries nitrifiantes. De la mi-mai à la mi-septembre, on travaillera seulement avec des bactéries nitrifiantes si la quantité de matière organique n'est pas trop importante. Sinon, on continuera à appliquer les deux types de micro-organismes. On terminera la saison en procédant à des applications régulières de bactéries pour la sédimentation, et ce, jusqu'en novembre.

Des algues « on the rocks » ! Fait inusité, les plantes aquatiques font du « relarguage de phosphore » à l'automne. C'est-à-dire qu'au moment où la sève retourne dans la racine pour l'hibernation, la plante rejette dans l'eau le phosphore emmagasiné durant la période de végétation. Ce qui a pour effet, devinez quoi ? Le milieu aquatique s'enrichit d'une bonne dose de phosphore, lequel va contribuer à l'engraissement des algues et particulièrement à la prolifération des algues filamenteuses. Donc, dès que la glace fond, que les journées allongent et que le temps se réchauffe, on peut se retrouver avec une floraison inattendue d'algues. Les bactéries nitrifiantes doivent donc être mises au travail dès la fonte de la glace, pour éviter ce genre d'inconvénient.

L'oxygénation

Élément essentiel à la vie, l'oxygène est naturellement présent dans l'eau. Ce sont les plantes qui libèrent cet oxygène grâce au phénomène de la photosynthèse, tout comme le font les arbres dans la nature. Pour que le travail d'épuration puisse se faire dans le jardin d'eau, l'apport en oxygène doit être constant.

Les sources d'oxygène de base sont :

- L'air ambiant, par l'échange qui se fait à l'interface air-eau ;
- Les plantes, par la photosynthèse.

Il y a aussi les pertes d'oxygène. Les responsables de cet état de choses sont :

- La teneur en oxygène diminue avec le réchauffement de l'eau dû à l'ensoleillement, à l'effet « capteur solaire » des roches, etc. ;
- Tous les organismes vivants absorbent de l'oxygène : poissons, insectes, neuston, etc ;

- Et les bactéries en consomment une grande quantité pour faire leur travail d'épuration.

Dans un jardin décoratif, où le volume d'eau est relativement petit et l'activité microbienne intense, on se retrouve rapidement en situation de déperdition d'oxygène. Il faut s'assurer que le niveau d'oxygénation sera suffisant toute l'année pour maintenir la vie du biotope.

Un jardin d'eau ...

- qui aura un bon ratio de plantes* ;

- qui bénéficiera d'un ajout régulier de bactéries ;

- qui ne contiendra pas ou peu de poissons** ;

- dont le fond ne renferme pas trop de matières organiques ;

La déperdition d'oxygène : En hiver, ce phénomène atteint un seuil critique pour la vie animale. Les bactéries continuent de travailler sous la glace (quoique plus lentement qu'en été) au niveau de la couche de sédimentation. Il y a donc consommation d'oxygène et dégagement de biogaz. Comme la glace ferme complètement l'étang et que les plantes produisent très peu d'oxygène, le milieu aquatique s'intoxique et suffoque. Il met ainsi en danger la vie des poissons.

... est un jardin qui ne nécessitera aucun apport extérieur en oxygène.

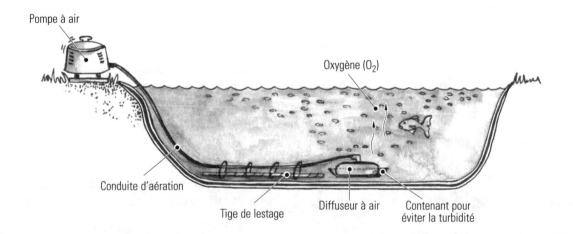

8. INJECTION D'OXYGÈNE

---

*   Voir le chapitre sur les plantes aquatiques.

** Voir le ratio recommandé dans le chapitre des poissons ornementaux (milieu de vie).

Lorsque toutes les conditions de base ont été respectées et que, malgré tout, l'eau demeure douteuse, glauque, qu'elle renferme beaucoup d'algues, qu'on y remarque une épaisse couche de sédimentation ou que les poissons se tiennent à la surface pour respirer, il faudra penser à installer un compresseur qui injectera de l'air dans le fond du plan d'eau*. Il existe, sur le marché, des pompes à air qui fonctionnent en permanence et qui sont adaptées à tous les formats de jardin d'eau**.

Le compresseur : *Il sera utile durant toute l'année dans les jardins d'eau où il y a des poissons.*

- En été, pour permettre une activité bactérienne efficace.

- En hiver, pour faciliter les échanges gazeux qui assureront la qualité du biotope pendant l'hibernation des poissons.

Parmi les méthodes d'oxygénation : *Mentionnons la cascade ou le ruisseau qui brassent l'eau et, de ce fait, favorisent le mélange air-eau. Toutefois, il faut se rappeler que la pompe tire l'eau fraîche du fond du bassin et qu'elle la réchauffe en la ramenant à la surface, ce qui peut devenir carrément néfaste si la cascade ou le ruisseau est*

---

* Voir le chapitre sur les pompes à air.

** Voir l'annexe 3, sur les systèmes d'aération.

en plein soleil. Le même phénomène, positif ou négatif, selon l'angle sous lequel on le considère, se produit avec les fontaines et les jets d'eau.

Lorsqu'on planifie la création d'un jardin d'eau, on s'assurera donc de bien positionner la cascade, le ruisseau ou la fontaine et on prévoira un injecteur d'air, si nécessaire.

La filtration mécanique

Bac filtre maison

Il est normal qu'il y ait un peu de particules en suspension dans la colonne d'eau. Poussières, pollen, débris de toutes sortes se déposent en effet à la surface de l'étang mais, de façon générale, cela n'affecte pas la clarté de l'eau. Par contre, ce qui vient du fond et qui a été déplacé par les poissons, comme la terre ou la couche de sédimentation, ou encore le phénomène de la turbidité de l'eau qui survient après une pluie peut grandement affecter la limpidité de l'eau.

Une pompe qui fait circuler l'eau dans une cascade ou un ruisseau devient un système de filtration mécanique au moment où on lui ajoute des éponges ou un médium quelconque qui captera les particules en suspension dans l'eau. Les éponges doivent être rincées régulièrement pour éviter la surchauffe de la pompe due à une prise d'eau restreinte par la saleté des éponges filtrantes.

Pour tout jet de fontaine résidentiel, il est impératif d'installer un système de filtration mécanique. Sinon, les orifices du jet de la fontaine vont se bloquer rapidement, de sorte qu'on perdra tout l'effet du jeu d'eau. Et il faut rincer souvent les éponges ou les cartouches du filtre.

Le système de filtration mécanique le plus efficace demeure le filtre au sable (sans chlore), comme celui qu'on utilise dans les piscines. Dans un jardin d'eau, on peut le brancher sans qu'il soit nécessaire d'installer un drain de fond ou une écumoire. Le *backwash* sera fait au besoin. Les jardins de kois et les jardins baignables, eux*, nécessitent l'installation d'une écumoire et d'un drain de fond pour assurer la limpidité de l'eau.

La filtration mécanique : Elle ne joue aucun rôle dans l'épuration de l'eau. Son rôle est purement esthétique ! Le phosphore et l'azote restent présents et continuent de stimuler la croissance des algues.

Pour les cas occasionnels de turbidité de l'eau, comme après une pluie abondante, on peut utiliser un produit qui va permettre la précipitation des particules en suspension. Quelques applications consécutives, et l'eau redevient claire. Cela n'a cependant aucun effet sur les algues. Un produit comme *ÉcoL'eau* permet la floculation des particules en suspension et augmente ainsi l'efficacité de la filtration mécanique. Il faut toutefois bien suivre la posologie, puisque ce genre de produit, quoique naturel, peut obstruer les branchies des poissons lorsqu'il est utilisé à trop fortes doses.

Les filtres à l'ultraviolet (U. V.)

Ces filtres sont très efficaces pour détruire les algues, coliformes et autres bactéries. Ils sont peu recommandés dans les jardins d'eau car, pour que ces filtres soient efficaces, l'eau doit être limpide afin que les rayons très courts des U. V. puissent pénétrer la colonne d'eau en profondeur, et atteindre ainsi les algues ou les bactéries à détruire. De plus, les rayons ultraviolets ne sont pas sélectifs. Ils tuent tant les bactéries bénéfiques que les nocives, ce qui aseptise le milieu mais nous éloigne de l'équilibre recherché. Les stérilisateurs aux ultraviolets dans les jardins d'eau sont presque entièrement supplantés par les marais filtrants et la bioaugmentation.

Les U. V. demeurent une alternative à considérer dans les cas des jardins de kois où la santé des poissons pourra bénéficier de cette technique de stérilisation.

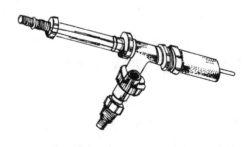

Filtre U. V.

---

* Voir le chapitre Diversion.

Chapitre 6

LA RÉALISATION D'UN JARDIN D'EAU

Nous terminons le tour des composantes du biotope aquatique ; le rôle des bactéries, des plantes et de l'oxygène concernant la qualité de l'eau ; c'est-à-dire comment tout trouve son équilibre de façon naturelle. Il est temps de se retrousser les manches et de penser à réaliser le jardin d'eau. Mais avant de commencer à creuser, il faut réfléchir à l'emplacement de l'ouvrage, au format à lui donner et aux matériaux à utiliser.

Un jardin d'eau, lorsqu'il est bien fait, exige peu d'entretien et il peut nous procurer plaisir et détente année après année. Nous l'avons dit au début du livre : un jardin d'eau mal fait, c'est un cauchemar ! Nous avons aussi affirmé qu'avec les bonnes informations, tout devient simple, que la réussite est à portée de la main. Alors, au travail !

L'emplacement

Le choix de l'emplacement est primordial dans la réalisation d'un jardin d'eau. Le niveau d'ensoleillement, l'accès visuel à partir de la maison et de différents coins du jardin sont quelques-uns des facteurs à considérer pour pouvoir jouir de notre jardin de mars à décembre. Il faut donc se poser quelques questions afin de déterminer quel serait son emplacement idéal. Souhaitez-vous entendre la cascade de votre chambre à coucher ? Désirez-vous voir le jardin d'eau à partir du salon ou de la salle de séjour ? Voulez-vous plutôt prolonger la terrasse en prévoyant un coin pour lire, pour méditer ou pour recevoir des amis autour du barbecue ?

Visibilité du jardin d'eau : *En présence de jeunes enfants, le jardin d'eau doit être visible de la maison.*

Pour les amateurs de *Feng Shui*, sachez que l'eau représente un apport d'énergie (le *chi*) et qu'elle contribue à la bonne fortune. Dans ce contexte, il faudra aménager le ruisseau ou la cascade de façon qu'ils coulent en direction de la maison afin d'y diriger le *chi*.

Pour ce qui est de l'ensoleillement, sachez que les *nymphaea* ont besoin au moins de 6 heures de soleil pour fleurir. Le plan d'eau principal devra être donc être situé en plein soleil. Par contre, votre cascade ou votre ruisseau devraient être placés à l'ombre ou de façon à pouvoir planter des arbustes à côté pour l'ombrager et pour diminuer le réchauffement de l'eau dû à l'effet « capteur solaire ».

Un truc pour assurer une bonne planification : utilisez un tuyau d'arrosage ou une grande corde pour tracer le contour du bassin sur le sol, grandeur nature, à l'endroit choisi. Ainsi, vous pourrez visualiser la forme et la dimension du plan d'eau afin de bien l'intégrer à l'ensemble de votre aménagement. Les modifications sont plus faciles à faire à cette étape que lors du creusage. Laissez le tuyau d'arrosage en place pendant quelques jours et promenez-vous autour en observant bien.

- Les arbres situés trop près du bassin nuisent à la floraison des végétaux aquatiques durant l'été (à cause de l'ombre qu'ils projettent) et ils peuvent polluer l'eau du bassin lors de la chute des feuilles à l'automne.

- Prévoyez une plate-bande d'environ 1 m de large tout autour du bassin. Cet espace peut être aménagé en utilisant des vivaces et des annuelles, des roches et des galets. La présence de cette plate-bande entre la pelouse et le jardin d'eau évitera que des brins d'herbe ne viennent polluer le bassin

au passage de la tondeuse. Elle sert également de capteur pour l'eau de ruissellement*.

- Assurez-vous que l'emplacement du bassin ne vous empêche pas de circuler partout sur le terrain avec la tondeuse.

- Dans le choix de l'emplacement de la cascade ou du ruisseau, les considérations premières seront relatives à l'esthétique et à l'équilibre dans l'aménagement global. Viendront ensuite les considérations ayant trait à la qualité de l'eau. Nous nous attarderons ici à la qualité de l'eau.

Les cascades et les ruisseaux comprennent généralement de grandes quantités de roches et un faible volume d'eau qui circule sur ces roches. Les roches emmagasinent la chaleur du soleil, ce qui contribue à l'évaporation et au réchauffement de l'eau (chauffage solaire passif). Le réchauffement de l'eau favorise l'activité des algues.

Au cours de l'évaporation, l'eau laisse ses minéraux dans le bassin et ceux-ci, en se concentrant, vont servir de nourriture aux algues. Ces dernières, devenues très actives à la suite de l'élévation de la température de l'eau, vont ainsi se multiplier de façon excessive, avec les résultats que l'on sait.

On aura donc avantage à placer la cascade ou le ruisseau dans un endroit ombragé. Si ce n'est pas possible, il faudra prévoir une plantation d'arbustes et de vivaces qui vont ombrager progressivement les roches dans le cours d'eau.

---

* Un capteur de ruissellement est un drain placé autour d'un bassin.

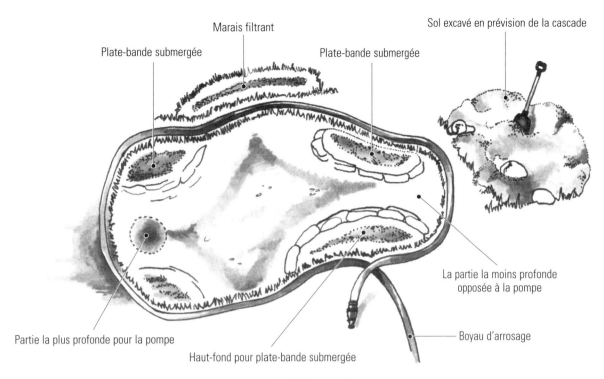

Marais filtrant

Plate-bande submergée

Plate-bande submergée

Sol excavé en prévision de la cascade

La partie la moins profonde opposée à la pompe

Boyau d'arrosage

Partie la plus profonde pour la pompe

Haut-fond pour plate-bande submergée

9. PLANIFICATION

Un projet bien pensé ! Un projet peut très bien se faire en deux ou trois étapes pour convenir à votre budget tout en respectant le plan initial. Par exemple, on peut aménager le bassin principal avec les plantes la première année et, la deuxième année, ajouter cascade et pompe et, finalement, en troisième étape, intégrer les poissons, compléter l'aménagement du pourtour, ajouter un haut-parleur de jardin, et une source d'éclairage pour l'ambiance.

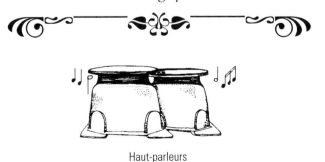

Haut-parleurs

- Essayez de respecter la topographie du terrain, sa hauteur aussi bien que sa pente. Un ruisseau sera plus approprié pour un terrain complètement plat. Si on installe une cascade, il faudra respecter la hauteur générale du terrain afin que cette structure n'ait pas l'air d'une butte sortie de nulle part. Cascade ou ruisseau devront couler dans le sens de la pente du terrain pour qu'ils s'intègrent bien à l'environnement.

- Si vous installez votre jardin d'eau dans un secteur où l'eau s'accumule naturellement, il y a des précautions à prendre. Nous aborderons ce sujet au chapitre sur les notions de drainage.

- Mesurez le bassin et faites le calcul pour établir la quantité de membrane nécessaire pour réaliser votre projet.

Un bassin dont la profondeur est de 60 à 75 cm est suffisant pour permettre l'hibernation des plantes. Les poissons y passeront l'hiver sans problème si une pompe à air reste en fonction durant la saison froide. Si vous voulez y conserver un lotus, prévoyez une petite zone où la profondeur sera de 90 cm*. Une fois tous ces éléments en main, mesurez la surface désirée pour le bassin, puis calculez la grandeur de toile requise.

> ***Calcul des membranes pour le bassin :*** *Aux diamètres mesurés sur le terrain, ajoutez 2 m à la longueur et 2 m à la largeur désirées pour le bassin.*
>
> *Ce calcul vaut pour un bassin d'une profondeur de 60 à 75 cm et des rebords de 30 cm. Par exemple, si la surface d'eau que l'on désire avoir est de 4 m x 5,5 m, le besoin en membrane sera de 6 m x 7,5 m.*

Les membranes

Au fait, pourquoi des membranes ? Pourquoi pas un bassin préfabriqué ? Les bassins préfabriqués extérieurs présentent d'énormes inconvénients : manque de profondeur, côtés rigides et difficiles à camoufler, difficultés d'installation à cause des exigences de drainage sous le bassin. C'est pourquoi nous privilégions les géomembranes pour les bassins extérieurs. Les

---

* Pour plus de détails sur les lotus et les différentes techniques d'hibernation qui y sont associées, reportez-vous au chapitre sur les plantes.

Membranes

bassins moulés en plastique ou en fibre de verre seront réservés aux jardins d'eau intérieurs.

> ***Les géosynthétiques :*** *Quelques notions qui serviront à décoder les termes utilisés pour désigner les géosynthétiques :*
>
> - *Géomembranes : terme générique désignant tous les revêtements élastomériques ou polymériques destinés à imperméabiliser les ouvrages de retenue ou les bassins.*
>
> - *Géomembrane en PVC : chlorure de polyvinyle ; texture ressemblant à celle des toiles de piscine.*
>
> - *Géomembrane en EPDM : éthylène-propylène-diène-terpolymère ; texture caoutchoutée.*
>
> - *Mil : épaisseur des membranes calculé en millième de pouce, par exemple un PVC 20 mil.*
>
> - *Géotextile ou feutre : étoffe obtenue sans filature ni tissage et constituée de fibre de polypropylène. En ingénierie civile, on utilise le terme « géotextile ».*

Les géomembranes sont faciles à installer. Elles ne demandent pas d'outillage spécialisé comme le béton ou la fibre de verre façonnés sur place. On peut obtenir les dimensions que l'on désire, sans aucune restriction pratiquement. À cause de leur souplesse, elles ont la capacité d'épouser à peu près toutes les formes. Elles sont résistantes au gel, ce qui est primordial chez nous, au Québec. De plus, lorsqu'il y a infiltration d'eau sous la membrane au printemps, lors du dégel, leur souplesse leur permet de s'adapter à la situation sans se fissurer, comme ce serait le cas pour le béton, par exemple.

Les types de membranes

Plusieurs familles de produits sont disponibles mais nous nous en tiendrons aux deux types de membranes les plus couramment utilisées : le PVC et l'EPDM.

Toiles de piscine : Attention ! Les toiles de piscine sont faites à base de PVC auquel on ajoute une grande quantité de plastique, et elles sont traitées pour résister au chlore. Ces deux caractéristiques les rendent toxiques pour les poissons et très sensibles au fendillement, car elles résistent très mal aux conditions du jardin d'eau. Ce n'est donc pas un matériau valable pour les jardins aquatiques.

Le rôle des membranes est d'imperméabiliser le bassin. Dans cette optique, les deux types de membranes ont sensiblement les mêmes caractéristiques, c'est-à-dire qu'elles résistent au gel et aux rayons ultraviolets et

qu'elles sont sans danger pour les poissons[*]. Au test de poinçonnement (test de résistance en laboratoire), les deux produits offrent des performances similaires. Les fabricants offrent des garanties de dix à vingt ans, selon les produits. Cette garantie a une durée réaliste, dans la mesure où ces membranes sont protégées par des géotextiles.

Le géotextile est un feutre non tissé de couleur noire. Il est perméable et ne se dégrade pas au contact de l'eau, en plus d'être imputrescible et insensible aux acides que l'on retrouve à l'état naturel dans le sol. Ce matériau est essentiel pour protéger la membrane du bassin, notamment pour éviter les perforations. De façon générale, on place la géomembrane imperméable entre deux épaisseurs de géotextile.

Géotextiles

Le géotextile : Ce feutre texturé a l'avantage de donner un aspect naturel au fond du bassin. Le textile ayant tendance à flotter, on placera quelques roches pour le maintenir en place lors du remplissage.

---

[*] Certains types de PVC sont toxiques pour les poissons. C'est pourquoi il faut rechercher l'indication « Sans danger pour les poissons » ou *Fish Grade* sur l'emballage.

Les PVC se présentent en différentes épaisseurs : 20 mil, 35 mil, 40 mil, 45 mil et 100 mil.

Le PVC de 20 mil demeure un choix économique très intéressant ; il offre une protection par le textile, une couche sous la membrane et une couche sur le dessus pour en garantir sa longévité.

Les PVC de 35, 40 et 45 mil seront avantageusement remplacés par deux produits, soit :

- Le PVC-Textile, un PVC de 25 mil, fusionné sur un côté avec un textile. Sa résistance équivaut à celle d'une membrane de 100 mil, ce qui le rend particulièrement intéressant. Il est facile à installer et le fait que le textile soit laminé avec du PVC élimine le problème du textile qui flotte. On sera prudent lors de la finition de la bordure, pour éviter « l'effet de mèche » qui est relié au textile*. Cette membrane est posée la face textile sur le dessus ;

PVC-Aquatex

- L'EPDM 45 mil est un produit aussi intéressant que le PVC-Textile. Il faut ajouter un textile sur le dessus, pour

la protection. Plusieurs paysagistes préfèrent cette géomembrane à cause de sa malléabilité, surtout lors de l'installation de grands bassins. Elle conserve sa flexibilité année après année.

Le PVC : Le PVC est un vinyle qui se travaille particulièrement bien par temps chaud. Signalons que lorsqu'on installe des membranes tôt au printemps ou tard à l'automne, il serait bon de savoir que l'EPDM (même matériau que les chambres à air des pneus) conserve toute sa souplesse, peu importe la température. L'EPDM est particulièrement recommandé dans les endroits où il y a beaucoup de racines d'arbres. Les racines ne perceront pas les membranes, mais l'EPDM ayant une plus grande capacité élastique que le PVC, il s'adaptera plus facilement aux mouvements créés par la croissance des racines sous les membranes.

Sujets d'intérêt particulier

La dimension

La taille du jardin d'eau dépendra de l'espace dont vous disposez et de votre budget. Un jardin d'eau peut être très petit (pas plus de 1 m sur 1 m) et s'étendre aussi loin que votre imagination puisse le souhaiter, et même se transformer en jardin baignable**.

---

* Voir les conseils d'installation dans la section des bordures.

** Voir le chapitre Diversion.

Forme du bassin : Peu importe la dimension, planifiez une forme de bassin simple qui permet d'utiliser les membranes sans perte et qui en facilite la pose.

La profondeur

L'expérience nous a démontré que sous notre climat, une profondeur allant entre 60 et 75 cm est amplement suffisante pour faire hiberner sans problème plantes et poissons[*].

Au Québec, le gel descend facilement jusqu'à 120 cm dans le sol, et les pêcheurs sur glace vous diront que sur les lacs, l'épaisseur de la glace est souvent de plus de 75 cm. Pourtant, le jardin d'eau a rarement plus de 15 à 20 cm de glace sur sa surface. Pourquoi ? Parce que la glace qui se forme à la surface du bassin sert d'isolant, tout comme la neige qui s'accumule au cours de l'hiver. Doublement isolé et souvent bien abrité dans la cour arrière, le jardin aquatique bénéficie d'un microclimat qui le protège contre les variations de température et le préserve du gel en profondeur.

En bref, la partie la plus profonde du bassin a quatre utilités :

- Assurer un volume d'eau plus constant pour éviter les fluctuations brusques de température aussi bien en été qu'en hiver ;

- Établir une zone d'hibernation pour l'ensemble des plantes aquatiques ;

- Procurer une zone d'hibernation pour les poissons ;

- Constituer un endroit idéal pour installer une pompe.

Le fond du bassin

Autrefois, on suggérait d'aménager trois paliers de niveau différent pour y déposer pots et plantes : un palier à 60 cm pour l'hibernation, un palier à 45 cm pour les nymphéas et un palier à 30 cm pour les plantes des lieux humides. Cette technique avait deux inconvénients. Le premier était associé au fait que les pots des plantes étaient très apparents, surtout ceux posés sur la tablette du haut. Deuxième inconvénient : cela obligeait à déplacer les plantes vers la partie la plus profonde pour les protéger du froid pendant l'hiver.

Nous conseillons désormais de faire un fond plat à 60 cm de profondeur, avec une légère pente allant jusqu'à 75 cm à une extrémité du bassin. Nous recommandons à cet effet la technique de plate-bande submergée pour les plantes des lieux humides.

Il faut se rappeler que les nymphéas, les lotus et les plantes submergées plantées en pot ou en panier ont besoin d'une surface plane où elles seront déposées.

---

[*] Pour l'hibernation des poissons, voir les chapitres sur les pompes à air et sur les poissons.

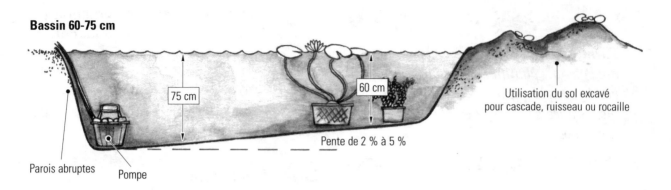

Bassin 60-75 cm

75 cm

60 cm

Utilisation du sol excavé
pour cascade, ruisseau ou rocaille

Pente de 2 % à 5 %

Parois abruptes   Pompe

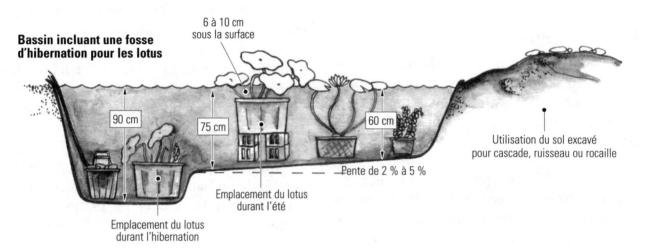

**Bassin incluant une fosse
d'hibernation pour les lotus**

6 à 10 cm
sous la surface

90 cm

75 cm

60 cm

Utilisation du sol excavé
pour cascade, ruisseau ou rocaille

Pente de 2 % à 5 %

Emplacement du lotus
durant l'été

Emplacement du lotus
durant l'hibernation

10. PROFILS D'EXCAVATION

Les *nymphaeas*, les plantes submergées ainsi que la pompe seront placés dans le fond du bassin, et ils demeureront au même endroit été comme hiver. Si vous désirez un lotus, prévoyez une cavité de 90 cm pour qu'il puisse hiberner en toute sécurité*.

Les techniques de plantation

Les techniques de plantation vont déterminer la configuration de votre bassin lors du creusage. La plantation en contenant est idéale pour les **plantes à feuilles flottantes** (les *nymphaea* et les *nelumbium*) ainsi que pour les **plantes submergées**. Les contenants doivent être déposés au fond du bassin.

Ainsi, les plantes seront faciles d'accès au moment de l'entretien et il vous sera plus aisé d'en modifier l'emplacement, selon leur croissance et leur développement.

Paniers plantation

---

* Vous trouverez plus de détails sur les *nelumbo* et sur les différentes techniques d'hibernation dans le chapitre des plantes.

Pour les **plantes des lieux humides**, vous avez le choix entre deux techniques : la plantation en contenant ou la technique de la plate-bande submergée.

Pour la plantation en contenants, il faut prévoir l'aménagement d'un palier pour y déposer les pots à environ 30 cm sous le niveau d'eau. Cette étape sera réalisée au moment du creusage.

Dans la technique de la plate-bande submergée*, des poches de plantation sont aménagées sur le pourtour du bassin. Ces cavités devraient avoir une profondeur d'environ 40 cm et la toile du bassin sera utilisée pour les imperméabiliser. On y met environ 30 cm de bonne terre brune, de sorte que, quand le bassin sera rempli d'eau, il y aura environ 10 cm d'eau par-dessus ce sol pour y implanter les plantes des lieux humides.

Deux options pour la plantation des plantes des lieux humides

Plantation en contenants

Façonner un palier à 30 cm sous le niveau de l'eau.

Les contenants étant très apparents sous cette mince couche d'eau, il faudra les camoufler à l'aide de roches et de galets.

Idéal pour les espaces restreints, la surface du plan d'eau est ainsi à son maximum.

Plate-bande submergée

Aménager des poches de plantation en bordure du bassin.

L'aspect naturel est grandement favorisé.

Idéal pour la croissance des plantes.

Technique recommandée pour les jardins d'eau baignables.

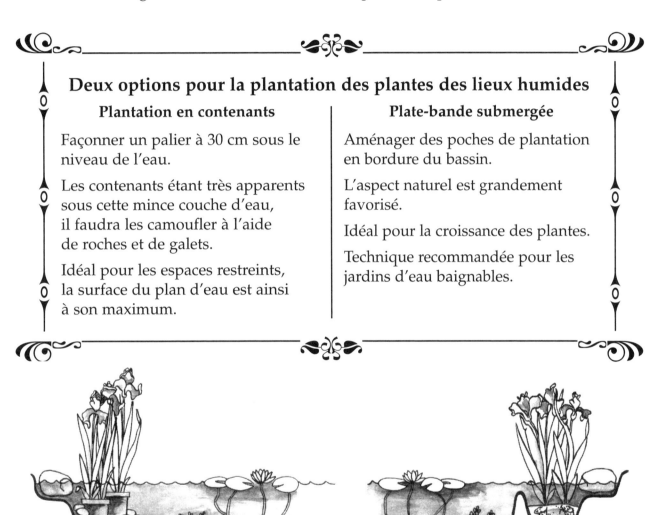

Avec palier pour plantation en contenants

Avec plate-bande submergée

11. DEUX OPTIONS POUR LA PLANTATION DES PLANTES DES LIEUX HUMIDES

---

* Pour plus de détails pour la réalisation des plates-bandes submergées, voir la section des bordures.

La plate-bande submergée : Lorsque vous prévoyez utiliser la technique de la plate-bande submergée, il faut penser ajouter 30 cm à la longueur et à la largeur de vos mesures des géo-membranes.

Le drainage

De façon générale, l'aménagement d'un jardin d'eau ne nécessite aucun drainage. On aura pris soin, d'une part, de ne pas placer le bassin en aval des pentes du terrain et, d'autre part, de soulever légèrement les bordures du bassin afin d'éviter que le terrain à proximité ne vienne s'y drainer*.

Toutefois, il faudra prévoir du drainage dans les cas où le bassin serait installé :

1. Dans une dépression du terrain ;

2. À un endroit où l'eau s'accumule naturellement ;

3. À proximité d'une source d'eau naturelle ;

4. En base d'un talus ou d'une pente ;

5. À un endroit qui risque de recevoir des eaux de ruissellement lors de pluies abondantes ou au moment de la crue des eaux au printemps.

Dans ce genre de situation, le danger vient du fait que de grandes quantités d'eau peuvent s'infiltrer sous la toile, de façon insidieuse (cas 1, 2 et 3) ou, de façon brusque, après une pluie abondante (cas 4 et 5), et ainsi déstabiliser l'aménagement.

---

* Pour plus de détails sur les bordures et pour des dessins explicatifs, voir la section des bordures.

Infiltration de l'eau sous les membranes : L'eau qui s'infiltre sous les membranes a souvent une haute teneur en oxygène, ce qui peut provoquer le soulèvement de celles-ci et infliger de sérieux dégâts à l'aménagement.

a) Le drain sous-membrane

Lorsque l'eau risque de s'accumuler sous la membrane, comme dans les cas 1, 2 et 3 ci-dessus, on prévoira installer un drain sous la membrane, dans la partie la plus profonde du bassin.

Creusez un canal (d'environ 15 cm sur 20 cm de profondeur) qui traversera le bassin en direction de la pente descendante du terrain. Ce canal devrait s'égoutter dans un fossé ou dans une fosse de captation. Déposez-y un drain agricole**, remplissez le canal de gravier, puis recouvrez le fond du bassin d'un géotextile avant d'y déposer la géomembrane.

Si le fossé est trop éloigné, prévoyez une fosse de captation où vous installerez une pompe avec un tuyau pour évacuer l'eau, au besoin.

** Drain agricole : se trouve dans les quincailleries. Un tuyau souple, perforé, recouvert d'un textile.

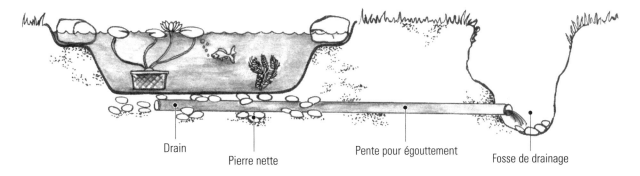

Drain   Pierre nette   Pente pour égouttement   Fosse de drainage

12a. DRAIN SOUS-MEMBRANE AVEC ÉGOUTTEMENT DANS UN FOSSÉ

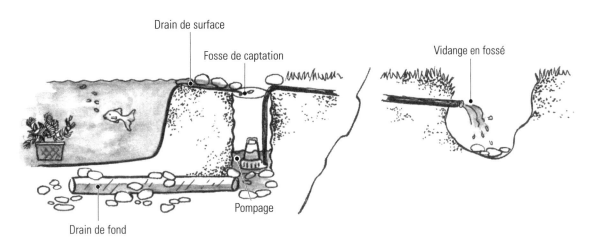

Drain de surface

Fosse de captation

Vidange en fossé

Pompage

Drain de fond

12b. DRAIN SOUS-MEMBRANE AVEC FOSSE DE CAPTATION

b) Le drain de surface ou canal de dérivation

Lorsqu'il y a risque de coup d'eau, comme dans les situations 4 et 5 ci-dessus, on prévoira un drain de surface sur le pourtour du bassin.

Pour ce faire, on creusera un canal d'environ 15 cm sur 20 cm au pied du talus, en deçà de 1 m du pourtour du bassin, en suivant le contour du bassin. Ce canal permettra de capter les eaux de ruissellement et il les fera dévier de la trajectoire du bassin. Cette technique est la même que celle qui a été décrite précédemment : on creuse un canal, on y dépose le drain agricole et on remplit le canal de gravier. On peut camoufler cette installation en répandant du galet de rivière sur le gravier ce qui empêchera que le drain soit bouché par de la terre ou du sable.

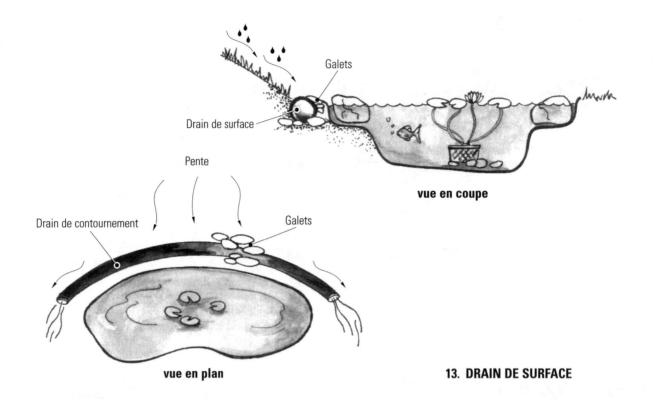

Galets

Drain de surface

vue en coupe

Pente

Drain de contournement

Galets

vue en plan

13. DRAIN DE SURFACE

c) Le drain de fond

Le drain de fond, qui permet de vidanger le plan d'eau par le fond, est rarement recommandé pour les jardins d'eau, sauf pour les jardins baignables.

Ce type d'installation exige, d'une part, que l'on perce les membranes, ce qui présente un risque de perte d'étanchéité et, d'autre part, que l'on installe une pompe sèche* qu'il faudra camoufler et insonoriser. Il s'agit là d'une installation plutôt onéreuse. D'autant plus qu'une simple pompe submersible, posée directement dans le bassin et branchée sur un tuyau d'arrosage, pourra évacuer l'eau sans complication. Cette même pompe pourra aussi être utilisée pour une cascade ou un jet de fontaine.

C'est d'ailleurs pour faciliter la vidange que nous suggérons de donner une légère pente au fond du bassin lors du creusage. Ainsi, toute l'eau s'accumulera au même endroit, ce qui facilitera d'autant le pompage de l'eau. Et rappelez-vous que le changement d'eau ou la vidange doit être une mesure exceptionnelle, car cela nuit à l'équilibre écologique du biotope.

Le trop-plein

De façon générale, le trop-plein est inutile ! Son rôle est de prévenir les débordements lors de pluies torrentielles. À la rigueur, le drain de surface autour du bassin remplira cette fonction. Pensez que lors d'orages ou d'averses abondantes, c'est la même quantité d'eau qui tombe sur le terrain ou dans le jardin d'eau. Et qui plus est, dû à l'évaporation, le niveau d'eau dans le bassin est rarement à son plus haut et bénéficiera ainsi de l'apport de l'eau de pluie.

---

* Pompe sèche : comme celle utilisée pour les filtreurs de piscine.

La soupape de remplissage

Soupape

Le phénomène d'évaporation peut faire baisser le niveau de l'eau jusqu'à 2 cm par jour, en été. Ainsi, après une semaine sans pluie, le niveau de l'eau dans le jardin peut avoir baissé de plus de 15 cm. Pour pallier cette évaporation, une soupape de remplissage peut être utilisée. Il s'agit là d'une solution peu coûteuse, simple à installer et permettant de conserver un niveau d'eau stable dans le bassin.

Il suffit de brancher un tuyau de 1,25 cm de diamètre directement sur le robinet extérieur de la maison en utilisant un raccordement en « Y » afin de conserver une sortie d'eau disponible pour les usages habituels. Enfouissez le tuyau à 15 cm dans le sol et amenez-le jusqu'au bassin, où sera installée la soupape de remplissage. Un clapet à l'intérieur de la soupape permet d'ajouter de l'eau selon les besoins, le robinet étant ouvert en permanence. Vous n'avez pas à vous préoccuper du niveau d'eau puisque le remplissage est automatique. Pour faciliter l'ajustement de la soupape sur le bord du bassin, on utilise une tige droite en cuivre souple, le tout camouflé sous une roche et recouvert de quelques plantes.

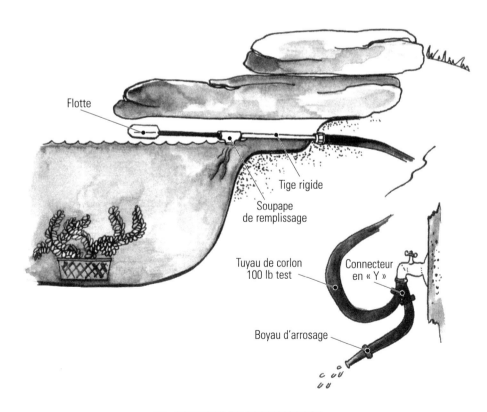

Flotte

Tige rigide

Soupape
de remplissage

Tuyau de corlon
100 lb test

Connecteur
en « Y »

Boyau d'arrosage

14. SOUPAPE DE REMPLISSAGE

Les pertes d'eau

Des facteurs autres que l'évaporation peuvent faire baisser le niveau d'eau de façon indue. Voici quelques points à vérifier avant de penser que la membrane est percée ! Les perforations de membrane sont rarissimes, grâce à la protection qu'apporte le géotextile.

La première vérification à effectuer est l'**humidité du sol** autour du bassin et de la cascade (ou du ruisseau) puisque cela signifie une perte d'eau.

- L'effet de mèche : assurez-vous que le géotextile n'est pas en contact avec la terre.

- L'affaissement du bassin de réception : vérifiez si le support de pierres est toujours bien en place à l'endroit où a lieu l'arrivée d'eau dans le bassin*.

- L'effet de gouttes : l'eau qui jaillit sur les roches de la cascade ou du ruisseau peut amener des pertes importantes si des gouttelettes retombent à l'extérieur de leur lit. Observez bien le parcours de l'eau et replacez les roches en conséquence.

Si la fuite semble importante, voire anormale, arrêtez la cascade et remplissez le bassin au ras bord. Observez le niveau d'eau pendant 2 ou 3 jours. Si celui-ci semble à peu près stable, vous pourrez conclure que le problème vient effectivement de la cascade ou du bassin de réception. Refaites le tour de l'aménagement et rectifiez la situation.

Une fuite : Si le niveau continue de descendre rapidement, on peut supposer que la membrane est percée. Cas exceptionnel ! Le bassin se videra alors jusqu'au niveau de la perforation, de sorte que vous pourrez repérer le bris et le réparer. Pour ce faire, utilisez un ruban conçu pour réparer les membranes EPDM, ou collez une pièce de PVC à l'aide d'un produit pour les membranes de ce type.

Les parois du bassin

De façon générale, il faut éviter les pentes douces pour les parois du bassin. Les pentes douces (de 20 % à 50 %**) ont l'inconvénient de permettre l'infiltration des eaux de ruissellement sous la géomembrane et de déstabiliser le pourtour du plan d'eau.

Si vous souhaitez attirer les oiseaux, deux possibilités s'offrent à vous : l'installation d'une plage ou celle d'un haut-fond. Il s'agit de créer une zone peu profonde, remplie de galets, où les oiseaux pourront venir faire leurs ablutions.

La création de hauts-fonds peut se faire n'importe où dans le bassin tandis que la plage doit être intégrée aux bordures lors des travaux de finition du jardin d'eau. Cette plage devra être située dans le sens de la pente d'égouttement du terrain***.

---

* Voir la construction du bassin de réception.

** Voir le rapport des pentes à l'annexe 1.

*** Voir la section sur les bordures.

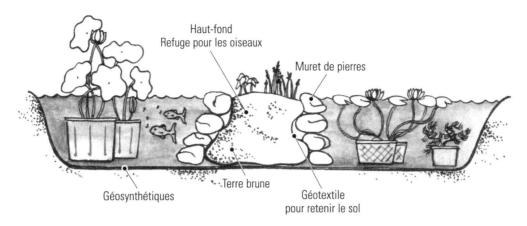

Haut-fond
Refuge pour les oiseaux

Muret de pierres

Géosynthétiques

Terre brune

Géotextile
pour retenir le sol

15a. HAUT-FOND • CENTRE DU BASSIN

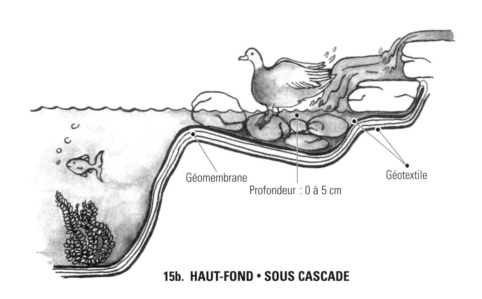

Géomembrane

Profondeur : 0 à 5 cm

Géotextile

15b. HAUT-FOND • SOUS CASCADE

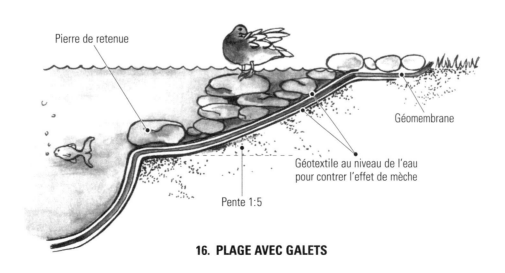

Pierre de retenue

Géomembrane

Géotextile au niveau de l'eau
pour contrer l'effet de mèche

Pente 1:5

16. PLAGE AVEC GALETS

La réalisation du bassin

Vous êtes maintenant prêt à creuser le bassin. À cette fin, nous aborderons, dans les sections qui suivent, la question des bordures, de la finition, des cascades, des ruisseaux et des marais filtrants.

Mais auparavant, il y a deux notions importantes à se rappeler :

- Il est possible de créer un biotope autonome sans pompe, sans cascade et sans jeux d'eau. Il suffit que les plantes aquatiques couvrent les 2/3 de la surface de l'eau[*] ;

- Dans un jardin d'eau avec cascade, ruisseau ou marais filtrant, la pompe est habituellement installée à l'extrémité qui est à l'opposé de ces éléments, dans la partie la plus profonde du bassin. Ceci afin d'assurer une bonne circulation de l'eau dans le bassin.

Ça y est ! À vos pelles ! Prêt ? Partez ! Eh oui ! un jardin d'eau se creuse à la pelle, en quelques heures. Pour les grandes surfaces (plus de 50 m²), un bon groupe d'amis ou une mini-excavatrice pourront s'avérer très utiles.

1. Commencez par tracer le pourtour du bassin en enlevant la plaque de gazon tout autour, incluant le tracé pour les plates-bandes submergées et les bordures de finition.

2. Creusez le bassin en direction de la pente d'égouttement du terrain, lui donnant une profondeur variant entre 60 et 75 cm.

---

[*] Les ratios de plantation seront abordés dans le chapitre des plantes.

Matériaux de base : La tourbe et le sol retirés du bassin seront utilisés comme matériaux de base pour installer la cascade ou le ruisseau.

Les paliers, les hauts-fonds et les parois seront façonnés à la pelle lors du creusage. Habituellement, la compaction et la structure du sol assurent la rigidité des structures alors que la pression de l'eau sur les membranes assure l'intégrité de l'ouvrage. Il n'est pas recommandé d'ajouter de nouveaux éléments de sol pour façonner un haut-fond ou un palier, car le sol meuble va changer de volume après la compaction et la membrane risque alors de se déchirer.

Les paliers : Les paliers sont nécessaires si vous prévoyez une plantation en contenants pour les plantes des lieux humides. Attention, cependant ! Les plantes des lieux humides ayant un feuillage en hauteur, il faudra les utiliser en arrière-plan pour ne pas obstruer l'accès visuel aux nymphéas qui flottent à la surface de l'eau.

Dans certains terrains sablonneux où la structure du sol n'assure aucun soutien, il faut parfois avoir recours à une technique d'enrochement sur géotextile avant de poser la membrane étanche.

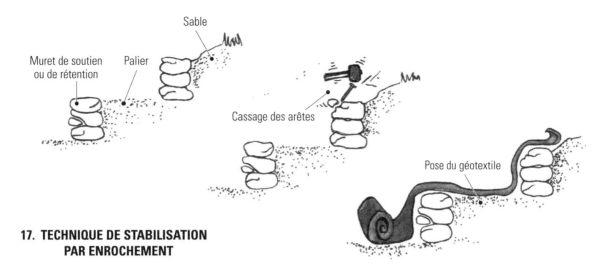

Muret de soutien
ou de rétention

Palier

Sable

Cassage des arêtes

Pose du géotextile

**17. TECHNIQUE DE STABILISATION
PAR ENROCHEMENT**

3. Enlevez les roches, cailloux et tout autre objet pouvant perforer la géomembrane. Coupez les racines apparentes lors de l'excavation.

4. Sur les sols rugueux ou sur le roc, on recouvrira le fond et les côtés du bassin de plusieurs épaisseurs de papier journal de façon à former un coussin de protection avant de poser le géotextile et la membrane imperméable.

N'utilisez pas de sable ! *Le sable tend à se déplacer lorsque l'eau s'infiltre sous les membranes. Le papier journal est plus stable. Mouillez-le pendant les travaux, afin de le stabiliser, et recouvrez-le d'un géotextile.*

5. Si la surface est lisse, étendez-y un géotextile en sautant l'étape du papier journal. Conservez les grands morceaux de textile pour la surface. Utilisez les retailles en les plaçant sous la membrane pour former cette première couche de protection.

6. Mettez la géomembrane en place en vous assurant de garder suffisamment de jeu pour les bordures. Enroulez l'excédent, mais ne coupez rien pour le moment.

7. Si vous utilisez un PVC-Textile, passez au point 10.

Le PVC-Textile : *Se pose le côté textile sur le dessus.*

8. Avec l'EPDM ou le PVC régulier, il faut recouvrir la membrane d'une couche de géotextile. Cette précaution est essentielle pour protéger la membrane imperméable contre les roches, les griffes du chien, les aspérités des pots et les bottes du jardinier.

9. Placez quelques roches et quelques galets pour empêcher le textile de flotter. Les roches peuvent être regroupées de façon esthétique en laissant des espaces de 1 à 2 m entre ces groupes.

Recouvrement du fond du bassin :
Il ne faut jamais recouvrir entièrement le fond du bassin avec les galets ou les roches car les débris s'accumulent entre les roches et créent ainsi un milieu sans oxygène très difficile à entretenir.

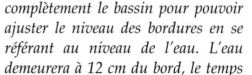

Remplissage du bassin : *À cette étape-ci du projet, on ne remplit pas complètement le bassin pour pouvoir ajuster le niveau des bordures en se référant au niveau de l'eau. L'eau demeurera à 12 cm du bord, le temps de faire la finition.*

10. Remplissez le bassin jusqu'à 12 cm du bord. Il s'agit du « niveau repère ».

11. Commencez à travailler les bordures et les autres éléments de l'aménagement.

12. Attendez de 24 à 48 heures pour permettre à la température de l'eau de se stabiliser et au chlore de s'évaporer dans le cas où on utilise de l'eau traitée avant d'y introduire les bactéries et les plantes.

Les bordures

On amorce maintenant le travail de création, celui qui va donner sa personnalité à votre aménagement. C'est la partie « esthétique » du jardin d'eau. Il s'agit d'intégrer le plan d'eau au décor environnant, avec des abords bien aménagés et une membrane pratiquement invisible, tout en lui donnant une apparence naturelle. Voilà le défi auquel sont confrontés les paysagistes amateurs dans la réalisation des bordures !

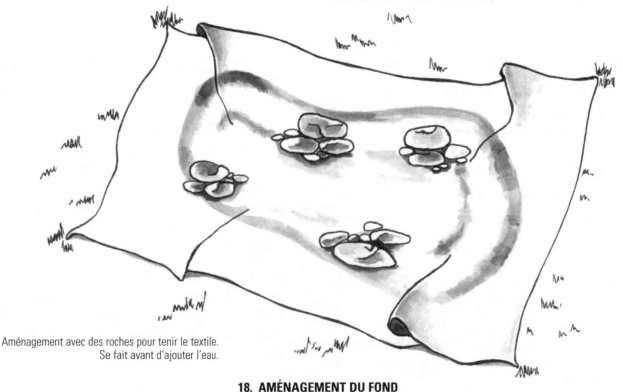

Aménagement avec des roches pour tenir le textile.
Se fait avant d'ajouter l'eau.

18. AMÉNAGEMENT DU FOND

Dans la nature, les rives des lacs se présentent sous divers aspects. Une partie peut être enrochée, une autre peut être plantée d'arbustes, une plage sablonneuse peut agrémenter le pourtour. C'est de cette diversité que nous nous inspirerons pour aménager les abords du plan d'eau. Nous aborderons à cet effet les aspects suivants :

- la technique de plate-bande submergée ;

- la bordure de roches ;

- la plage pour les amateurs d'oiseaux ;

- la clé d'ancrage ;

- la bordure végétale.

Le bassin est creusé, les membranes installées, et il y a de l'eau jusqu'à 12 cm du bord ; c'est votre « niveau repère ». L'excédent de membrane autour du bassin doit être enroulé.

Lors de la conception du bassin, c'est-à-dire à « l'étape du tuyau d'arrosage », vous avez déterminé l'emplacement des bordures pour la plantation des plantes des lieux humides, vous avez choisi les roches pour les berges, vous avez opté pour la cascade ou le ruisseau et vous avez déterminé si vous désiriez une plage ou pas.

La technique de plate-bande submergée

Cette technique s'applique pour la plantation des plantes des lieux humides. Quand c'est possible, nous recommandons cette façon de faire

plutôt que la méthode de plantation en contenants sur palier, entre autres pour l'aspect naturel qui en résulte.

Pour les bordures de plantation, il faut relever les membranes autour des zones choisies et creuser le sol jusqu'à 40 cm. On laisse un bourrelet de terre du côté du bassin en tant qu'élément de retenue, pour éviter que le sol de plantation ne se déverse dans le plan d'eau.

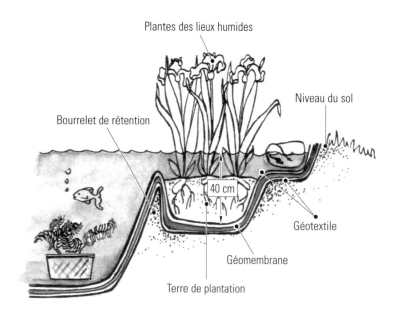

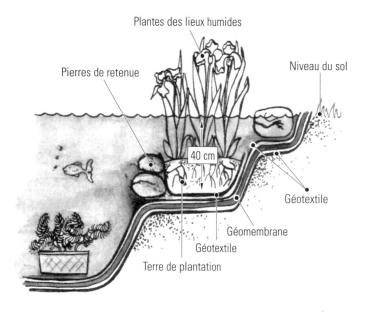

19. DEUX TECHNIQUES DE PLATE-BANDE SUBMERGÉE

On replace les membranes dans les nouvelles cavités et on ajoute 30 cm de bonne terre brune. Les zones de plates-bandes submergées ne seront pas recouvertes d'eau pour le moment, afin de pouvoir poursuivre le travail de finition en fonction du « niveau repère ». La clé d'ancrage sera faite à la toute fin de l'ouvrage, pour stabiliser les membranes.

On peut procéder dès maintenant à la plantation des plantes de lieux humides*, dans la mesure où l'on conserve le sol humide tout le temps que dureront les étapes de finition. On fera ensuite monter l'eau du bassin jusqu'à son niveau final.

Plantation : *Si la plantation doit se faire ultérieurement, pensez à abaisser le niveau d'eau de 12 cm pour vous faciliter la tâche.*

La bordure en roches

Le paysage qui entoure les lacs est très varié dans la nature. Il en sera de même pour le jardin d'eau. On recherchera donc une certaine diversité tout en conservant une certaine homogénéité grâce au choix des matériaux. Par exemple, les roches devraient être de la même sorte, de couleur semblable et leur format devrait être approprié au volume de l'aménagement.

Pour que les roches du pourtour soient bien intégrées et qu'elles camouflent bien les membranes, on creusera une plate-forme en veillant à ce que les membranes soient toujours enroulées sur elles-mêmes. La plate-forme sera adaptée aux dimensions des roches choisies. On recouvrira la plate-forme avec les membranes, on y « assoira » les roches et on s'assurera de leur stabilité en creusant un peu plus ou en ajoutant de la terre sous les membranes, au besoin.

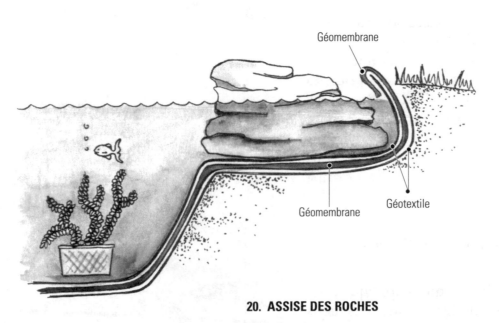

20. ASSISE DES ROCHES

---

*   Voir le chapitre sur les plantes aquatiques.

Choix des roches : Choisissez des roches de 30 cm et plus pour assurer une bonne stabilité. Pensez que les roches devront supporter le poids de vos amis, de la famille, des enfants, des curieux, des voisins, et ce, sans se déplacer !

Les membranes doivent dépasser de quelques centimètres derrière les roches, pour assurer l'imperméabilité du bassin. Elles seront camouflées par un ajout de terre. Attention ! La membrane étanche doit recouvrir le géotextile, pour éviter l'effet de mèche[*].

La plage

Nous avons suggéré aux amateurs d'oiseaux deux techniques pour intégrer un « bain d'oiseau » au jardin d'eau, soit le haut-fond et la plage.

Le haut-fond doit être façonné au moment où l'on creusera le bassin. Il aura l'aspect d'un îlot recouvert de gravier. La plage, elle, sera façonnée à même les parois du bassin et achevée à l'étape de la confection des bordures.

La création d'une plage doit être prévue lors du creusage du bassin, puisque cette section sera en pente douce (moins de 20 %[**]) pour permettre aux galets de rester en place. La dernière section de la plage sera creusée en partant à 12 cm (côté bassin) jusqu'à environ 6 cm vers le bord extérieur. Les membranes seront ensuite déroulées et la plage

---

[*] Voir la technique de la clé d'ancrage pour éviter l'effet de mèche.

[**] Voir le tableau sur les pentes, en annexe 1.

sera recouverte de galets (des roches arrondies dont le diamètre variera entre 2 et 12 cm). Il restera à réaliser la clé d'ancrage pour terminer la bordure.

La clé d'ancrage

À cette étape-ci du projet, il faut élever le niveau d'eau au maximum. Ce nouveau « niveau repère » va vous permettre de faire une clé d'ancrage à la bonne hauteur, soit à l'endroit approprié pour empêcher l'eau de déborder et pour permettre l'adjonction d'un bourrelet de rétention le plus discret possible.

La clé d'ancrage sert à stabiliser et à camoufler les membranes et aussi à éviter l'effet de mèche et les pertes d'eau. Cette technique est utilisée partout autour du bassin, sauf dans les sections de la bordure où il y a des roches. La clé d'ancrage est utilisée dans les espaces restreints et en combinaison avec les bordures végétales, pour les travaux de finition d'une plage et des plates-bandes submergées.

L'effet de mèche : Est produit par le géotextile en contact avec l'eau et le sol. Le textile sert de conducteur à l'eau. Il humidifie le sol autour du bassin en même temps qu'il vide graduellement le plan d'eau. Une attention toute spéciale doit donc être apportée au textile lors de la mise en place de la clé d'ancrage, pour éviter ce genre de problème. À toutes fins utiles, seule la membrane de PVC ou d'EPDM doit être en contact avec le sol. Le textile doit être coupé plus court ou recouvert par la membrane.

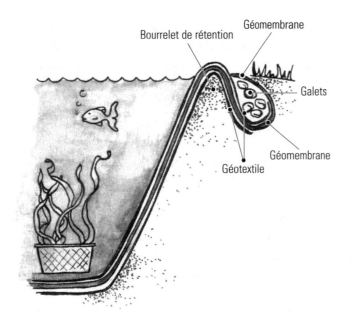

Bourrelet de rétention
Géomembrane
Galets
Géomembrane
Géotextile

21. CLÉ D'ANCRAGE

La bordure végétale

On utilise cette technique pour ombrager les abords du plan d'eau et pour varier l'aménagement du pourtour, pour rendre celui-ci plus vivant et pour camoufler la partie apparente de la clé d'ancrage. Les roches et la plage sont des éléments qui ne se modifieront pas au cours des années tandis que les plates-bandes qui se trouvent autour du jardin d'eau évolueront d'année en année et donneront de la personnalité à votre aménagement.

La clé d'ancrage est une cavité que l'on creuse à même le sol constituant le pourtour du bassin afin d'y insérer les membranes. Celles-ci seront retenues solidement par du matériel lourd comme de la roche. Un bourrelet de rétention, composé de plaques de gazon ou de terre lourde, sera placé sous les membranes pour servir de séparateur entre le sol et l'eau. La clé d'ancrage doit être réalisée avant de s'attaquer à la bordure végétale.

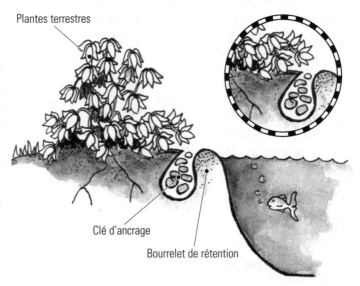

Plantes terrestres

Clé d'ancrage

Bourrelet de rétention

22. BORDURE VÉGÉTALE

23. TAPIS VÉGÉTAL

La bordure végétale consiste en un choix de plantes qu'on utilisera autant pour camoufler les membranes que pour compléter le décor. Si nécessaire, on amendera le sol avant la plantation de la bordure végétale. Privilégiez les arbustes (tel le génévrier rampant) et les plantes rampantes pour camoufler la clé d'ancrage.

La technique du « tapis végétal » est aussi très utile pour camoufler les membranes. Ce tapis consiste en une plantation de plantes des lieux humides sur un support de fibre naturelle. Il est déposé sur le bourrelet de rétention de la clé d'ancrage. En contact direct avec l'eau, il demeure toujours humide pour favoriser la croissance de ces plantes.

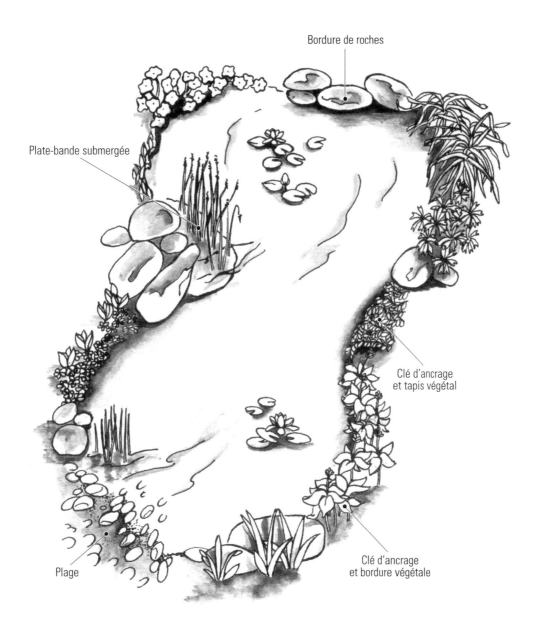

Bordure de roches

Plate-bande submergée

Clé d'ancrage
et tapis végétal

Plage

Clé d'ancrage
et bordure végétale

24. UTILISATION DES TECHNIQUES DE BORDURE

Des suggestions

L'effet visuel

Maintenant que nous avons fait le tour des techniques d'aménagement des bordures, il s'agit de déterminer lesquelles vous allez utiliser et dans quelle proportion chacune sera intégrée à votre aménagement.

Il est important de se rappeler qu'un peu de variété est toujours apprécié, que la plage est facultative et quelquefois déconseillée pour les terrains en pente, et que trop de roches nuisent à l'harmonie de l'ensemble. Voici un exemple d'un pourtour de bassin dit « naturel ».

L'aménagement autour du jardin d'eau

Le pourtour étant terminé, il reste à s'occuper du « tour » du jardin d'eau. Laissez une bande d'au moins 1 m sans pelouse tout autour de celui-ci. Prévoyez un sentier pour y accéder facilement. Aménagez une plate-bande fleurie pour compléter le décor. Si elle est placée du côté du vent, elle pourra servir de brise-vent pour arrêter les feuilles mortes des arbres.

Dominique Lapalme, horticulteur diplômé du Jardin Botanique et aménagiste, suggère ceci :

« Plantez des arbustes feuillus (*euonymus*, *forsythia* et *spirea*), des conifères (*chamaecyparis*, *juniperus* et *picea*) et des graminées (*avena*, *deschampsia* et *imperata*) afin d'avoir un spectacle changeant au gré des saisons. Les plantes vivaces (*alchemilla*, *penstemon* et *rudbeckia*) et les plantes couvre-sol (*ajuga*, *linnea* et *lysimachia*) assureront la stabilité des bordures grâce à leurs racines vigoureuses. Alternez l'époque de floraison des plantes. Utilisez des plantes de même variété autour du bassin et sur le terrain pour créer un ensemble cohérent. Cette cohérence est observable dans la nature où certains arbres, arbustes et plantes dominent les paysages pour leur conférer toute leur authenticité et leur beauté. »

Facteurs de déséquilibre : Attention ! Les brins d'herbe et les feuilles mortes qui tombent dans le bassin sont des facteurs de déséquilibre dans le milieu aquatique. Elles contiennent des minéraux qui nourrissent les algues.

Les plantes à feuilles flottantes, à fleur d'eau : Elles sont un des attraits majeurs du jardin. Évitez les bordures végétales en hauteur du côté où vous souhaitez préserver l'accès visuel au plan d'eau.

Chapitre 7

LE MARAIS FILTRANT SOUS LA SURFACE

Le marais filtrant est un élément qui peut se bâtir au moment de la réalisation du jardin d'eau ou qui peut s'ajouter plus tard, exactement comme les cascades ou les ruisseaux. Le marais a une fonction d'épurateur tout en ajoutant une note esthétique, puisqu'il s'agit, à toute fin pratique, d'une plate-bande de plantes des lieux humides qui vient garnir les abords du plan d'eau.

Pourquoi faire un marais filtrant ?

Robert Lapalme, consultant en environnement et spécialiste en milieu aquatique, vous présente le marais filtrant sous la surface :

Un jardin d'eau est un écosystème à l'équilibre précaire. Les variations climatiques normales que nous subissons durant l'été perturbent sensiblement les conditions du milieu aquatique. Quelques semaines de chaleur intense vont élever la température de l'eau au point d'en diminuer grandement la teneur en oxygène. Les micro-organismes épurateurs sont alors moins efficaces. Les algues se développent davantage. Les poissons mangent plus et produisent aussi plus de déchets et ainsi de suite. Installer un marais filtrant est la solution écologique qui règle les problèmes à moyen et à long terme de façon économique.

Il s'agit d'une technique d'épuration empruntée aux marais naturels. Cette technique permet d'épurer efficacement un grand volume d'eau dans un espace restreint, à faible coût. De plus, elle ne demande pratiquement aucun entretien. Naturelle et esthétique, elle permet également de maintenir une bonne qualité d'eau. Nous la recommandons dans presque tous les cas.

Comment faire le marais ?

En bordure du bassin, creusez une plate-bande d'une profondeur de 30 cm à 45 cm. De façon générale, la surface du marais équivaut à 5 % de la surface du bassin d'eau à traiter. Par exemple, pour un jardin d'eau de 5 m de longueur par 3 m de largeur, prévoyez un marais de 45 cm par 160 cm. À l'annexe 2, consultez le tableau pour vous guider dans le calcul de la surface du marais et selon l'usage du bassin ; par exemple, un jardin de kois nécessite un marais plus grand qu'un jardin d'eau.

1) Couvrez le fond avec une membrane étanche, protégée par un géotextile.

2) Remplissez le premier 15 cm avec des pierres rondes d'un diamètre d'environ 5 cm.

3) À l'aide d'un tuyau de 12 mm de diamètre, amenez une partie de l'eau que la pompe envoie à la cascade vers le marais. Vous devez disposer ce tuyau à l'extrémité de la fosse, directement dans les pierres.

4) À l'autre extrémité du marais, abaissez la membrane afin de contrôler le débordement et d'acheminer le retour d'eau au

bassin. Une partie de l'eau ainsi pompée sera continuellement dirigée vers le marais pour y être épurée.

La plantation du marais

Afin de favoriser la pousse des plantes dans les pierres du marais, étendez sur les pierres un tissu géosynthétique, tel que l'érotex. Ce tissu laissera passer les racines des plantes tout en retenant le sol. L'érotex doit être recouvert à son tour de 15 cm de terre à jardin.

À la décharge du marais, ne mettez que des pierres, en vue de ne pas troubler l'eau par le sol.

Plantez dix plants au mètre carré.

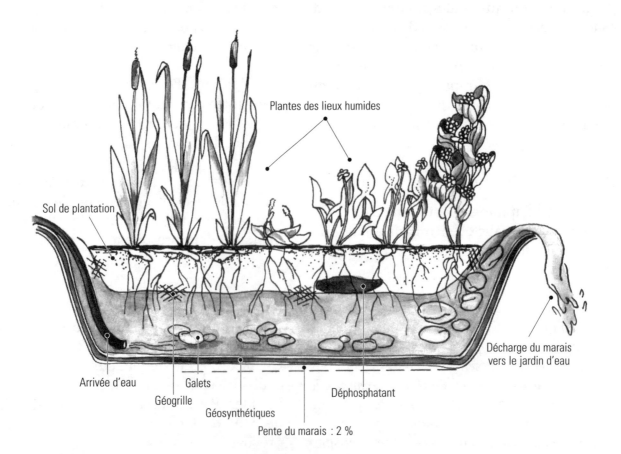

25. MARAIS FILTRANT
vue en coupe

Le fait d'incorporer des plantes des lieux humides dans le marais permet aux micro-organismes de se loger sur les racines et sur les pierres. En profitant de l'oxygène transporté par les tiges vers les racines, les micro-organismes seront plus efficaces pour jouer leur rôle d'épurateurs. Après quelques semaines, les racines traversent le tissu pour envahir les pierres. Ce n'est qu'à ce moment que le potentiel épurateur commence à s'exercer. Il faut souvent attendre à la deuxième saison pour envisager un rendement optimal.

Dans un « marais filtrant sous la surface », l'eau circule dans le système de racines comme en hydroponie. Des recherches ont démontré que ce type de marais est sept fois plus efficace que le marais naturel où l'eau circule entre les tiges en surface. Dans le cas d'un jardin d'eau résidentiel, l'économie d'espace ainsi réalisée prend tout son sens. L'entreprise *À FLEUR D'EAU* a éprouvé cette technique avec succès depuis le début des années 1990.

Quant au choix des plantes, vous pouvez composer un massif selon vos goûts pour les couleurs et les feuillages. Les plantes des lieux humides sont toutes efficaces pour supporter la flore bactérienne. Certaines renferment des vertus mieux connues, comme par exemple le *typha*, qui élimine particulièrement bien les coliformes fécaux des oiseaux et des poissons. La *sagittaria* est réputée pour capter le phosphore qui stimule la pousse des algues*.

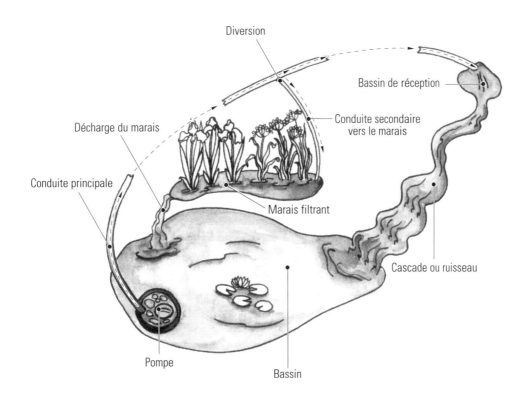

26. MARAIS FILTRANT
vue en plan

---

* Pour plus de détails sur la capacité épuratoire des plantes, voir l'annexe 5 sur les plantes.

Chapitre 8

LES COMPLÉMENTS

Comme nous l'avons déjà mentionné, il est possible d'aménager un jardin d'eau sans pompe ni circulation d'eau, dans la mesure où la plantation aquatique est adéquate. Toutefois, pour plusieurs personnes, un jardin d'eau où l'on n'entendrait pas l'eau tomber en cascade sur les roches ne serait pas tout à fait complet.

Le son émis par la cascade ou par le ruisseau sera fonction du débit de la pompe, de la hauteur de tombée de l'eau et du choix des roches. Lorsque la cascade se trouve dans une petite cour ou près de la terrasse, lorsque le son risque d'être réverbéré ou amplifié par un mur ou par le feuillage des arbres, on verra à éviter les forts débits. Car, dans ces conditions, le bruit peut devenir irritant au lieu d'être apaisant.

Un terrain en pente peut être mis en valeur par l'aménagement d'une cascade. Encore faut-il que la pente soit naturelle. On ne s'acharnera pas à vouloir créer un monticule de terre au milieu d'un terrain plat, car cette butte aurait toujours l'air incongru. Dans ce cas, il sera souvent plus approprié de songer à un ruisseau.

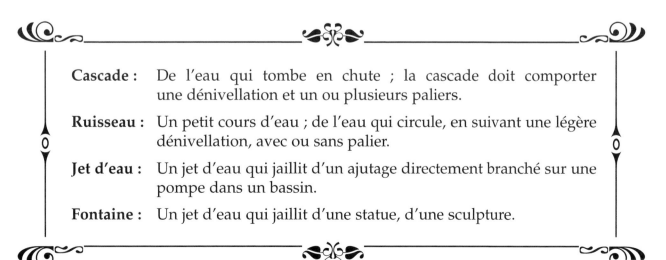

Cascade : De l'eau qui tombe en chute ; la cascade doit comporter une dénivellation et un ou plusieurs paliers.

Ruisseau : Un petit cours d'eau ; de l'eau qui circule, en suivant une légère dénivellation, avec ou sans palier.

Jet d'eau : Un jet d'eau qui jaillit d'un ajutage directement branché sur une pompe dans un bassin.

Fontaine : Un jet d'eau qui jaillit d'une statue, d'une sculpture.

Un ruisseau, une cascade, une chute d'eau, une fontaine... Pareil, pas pareil ? Chaque construction a ses particularités.

Les compléments tels que les cascade, ruisseau, fontaine et marais filtrant sont réalisés après que le bassin a été creusé, les membranes installées et le bassin rempli jusqu'à 12 cm du bord. Donc, les deux pieds dans l'eau... Toutefois, il n'est pas nécessaire que les bordures soient terminées avant de mettre en place ces éléments.

La cascade

Une cascade est une tombée d'eau dont le trajet est court et abrupt. Trois aspects sont à considérer lors de la conception de votre cascade : la dimension (hauteur et largeur), la sonorité de la tombée d'eau et le type de roches. Nous aborderons le sujet de la pompe un peu plus tard.

La hauteur de la tombée d'eau sera harmonisée avec la topographie des lieux. Évitez les monticules qui déparent le paysage.

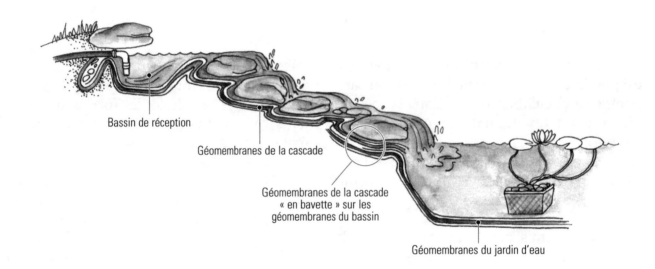

Bassin de réception

Géomembranes de la cascade

Géomembranes de la cascade « en bavette » sur les géomembranes du bassin

Géomembranes du jardin d'eau

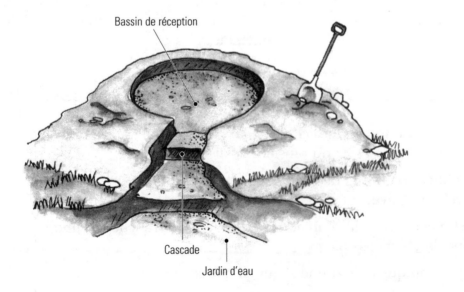

Bassin de réception

Cascade

Jardin d'eau

27. CASCADE
vue en coupe

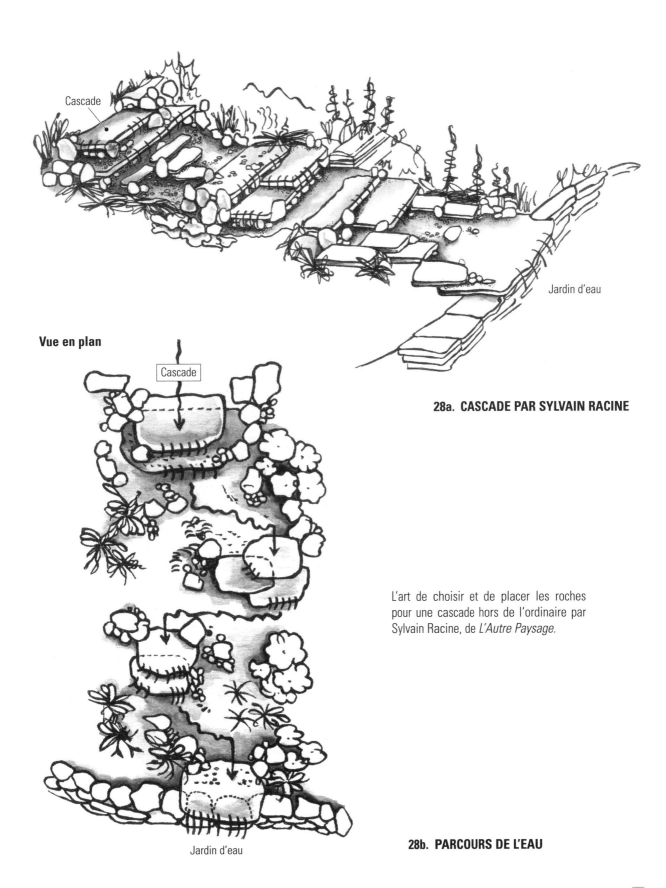

Cascade

Jardin d'eau

Vue en plan

Cascade

28a. CASCADE PAR SYLVAIN RACINE

L'art de choisir et de placer les roches pour une cascade hors de l'ordinaire par Sylvain Racine, de *L'Autre Paysage*.

Jardin d'eau

28b. PARCOURS DE L'EAU

Songez qu'un monticule de 1 m de hauteur doublera de taille avec la croissance des plantes et des arbustes. Dans un terrain relativement plat, optez pour une cascade plutôt basse, qui s'harmonisera plus facilement avec l'ensemble du terrain. Une tombée d'eau de quelques centimètres de hauteur sur 1 m de largeur aura autant d'effet qu'une tombée plus haute mais plus étroite.

Si le son de l'eau est ce qui vous attire le plus, le choix des roches et de la pompe fera toute la différence. Pour les terrains exposés au vent, une cascade à fort débit sera à privilégier, car vous serez ainsi assuré de bien l'entendre. Attention quand même aux éclaboussures, qui sont plus difficiles à contenir dans ce cas ! Même avec un débit de quelques gouttes à la seconde, le bassin exigera un remplissage constant, ce qui est coûteux à la longue et risque de déséquilibrer le biotope. L'apport constant de nouvelle eau froide nuit à la croissance des plantes et impose une surcharge minérale qui stimule la croissance des algues.

Le bassin de réception : Dans le haut d'une cascade ou d'un ruisseau, on doit aménager un réservoir pour recevoir l'eau du bassin afin que celle-ci s'écoule sur les roches de manière naturelle. Un chapitre est consacré à la réalisation du bassin de réception.

Si la configuration du terrain le permet, allez-y en hauteur ! Pensez seulement à respecter la pente naturelle du site.

La cascade peut avoir un seul palier ou plusieurs. Chaque palier sera réalisé avec une roche plate posée sur les membranes. Les roches arrondies peuvent aussi être utilisées, mais le débit de la pompe devra alors être plus important, pour donner l' « effet cascade » (voir dessins de Sylvain Racine, *L'AUTRE PAYSAGE*, page précédente).

Le tuyau qui amènera l'eau de la pompe à la cascade sera mis en place dès le début des travaux puisque la tuyauterie sera camouflée dans le sol.

Lors de l'excavation, vous avez probablement récupéré la plaque de gazon et la terre en vue de l'utiliser pour la cascade ou le ruisseau. Il s'agit maintenant de façonner ce matériel en lui donnant la forme désirée, habituellement celle d'un escalier. Si nécessaire, ajoutez de la terre pour élargir ou pour hausser le monticule. Utilisez à cette fin une terre lourde, glaiseuse ; compactez-la bien pour éviter l'affaissement.

Creusez une tranchée de quelque 30 cm de profondeur dans la pente choisie. C'est dans cette tranchée que les paliers plats seront façonnés. Le lit de la coulée doit avoir au moins 30 cm de plus que la largeur requise pour le débit d'eau, ce qui permettra de camoufler la membrane qui remonte sur les côtés afin de contenir l'eau.

Pour la confection de la cascade, on utilise des membranes indépendantes de celles qui tapissent le bassin principal. Les membranes de la cascade et du bassin de réception seront d'un seul tenant lorsque le bassin ne mesure pas plus de 60 cm de diamètre. Les membranes doivent retomber en bavette par-dessus les membranes du jardin d'eau ; elles ne sont pas collées.

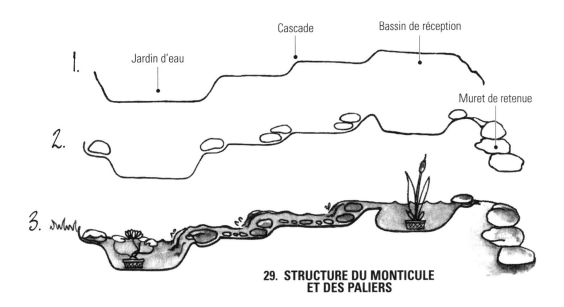

Cascade

Bassin de réception

Jardin d'eau

Muret de retenue

29. STRUCTURE DU MONTICULE ET DES PALIERS

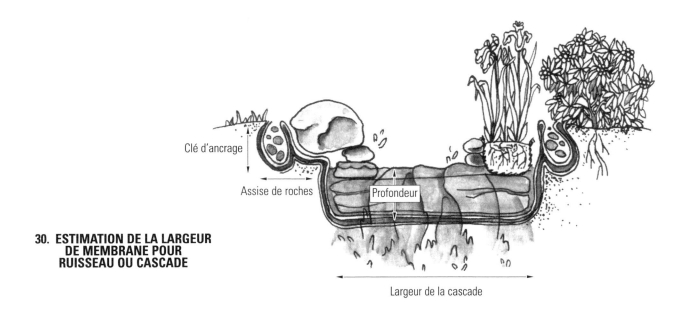

Clé d'ancrage

Assise de roches

Profondeur

30. ESTIMATION DE LA LARGEUR DE MEMBRANE POUR RUISSEAU OU CASCADE

Largeur de la cascade

Calcul des dimensions des membranes pour la cascade

Longueur : additionnez la hauteur de la cascade avec la longueur de son parcours ; ajoutez 1 m à ce nombre pour pouvoir superposer la membrane sur la toile dans le bassin. Largeur : il faut compter entre 0,6 m et 1 m de plus que la tombée désirée.

Une fois le monticule et les paliers façonnés, on se place dans le bassin (les deux pieds dans l'eau), au pied de la future cascade. Si vos bordures sont déjà terminées et que le bassin est donc rempli complètement, il vous faudra abaisser le niveau de l'eau de 12 cm (« niveau repère ») au moment de réaliser la cascade ou le ruisseau.

- Creusez le lit de la première pierre au « niveau repère ». Ainsi, la base de la première pierre sera enfoncée sous 12 cm d'eau ce qui lui donnera un air « naturel ».

- Commencez à installer les trois épaisseurs de membranes, soit un géotextile, la membrane imperméable et le géotextile du dessus, qui seront superposées sur les membranes du bassin principal, en « bavette ».

- Construisez un palier à la fois.

- Déposez une roche plate sur les membranes qui recouvrent ce premier palier. La pierre doit couvrir la largeur totale de la tranchée.

- Travaillez avec un niveau de menuisier pour ajuster l'assise de la roche afin que l'eau tombe de façon nette dans le bassin.

- Enserrez bien la pierre à l'arrière et sur les côtés à l'aide des membranes afin de contraindre l'eau à circuler sur le dessus de la roche. Pour ce faire, relevez les membranes et ajoutez de la terre derrière afin de les fixer fermement autour de la roche. **Cette étape est cruciale**, car le phénomène de la gravité, combiné au faible débit, peut permettre à l'eau de s'infiltrer sous la roche, de sorte que l'effet de la cascade sera annulé.

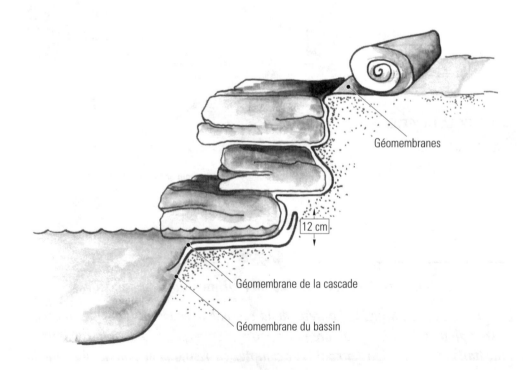

Géomembranes

12 cm

Géomembrane de la cascade

Géomembrane du bassin

31. POSITIONNEMENT D'UNE ROCHE AVEC LES MEMBRANES ENROULÉES

• Creusez ensuite le lit de la pierre du palier supérieur, déroulez-y les membranes et posez-y une nouvelle roche plate.

• Procédez de la même façon que précédemment pour chaque palier, jusqu'au bassin de réception, en utilisant le niveau puis en ayant recours à la technique de l'« enserrement ».

Faites couler l'eau et observez son parcours. Vous pouvez rectifier l'inclinaison des roches en glissant de petites pierres en dessous. Si, malgré toutes vos précautions, vous remarquez des infiltrations d'eau sous la roche, vous pouvez les bloquer efficacement avec de l'argile granulaire de type « bentonite ». Ce matériau prend de l'expansion au contact de l'eau, et remplit ainsi les interstices.

La réalisation d'une cascade : Trois éléments sont nécessaires pour réaliser une cascade :

• *les membranes ;*

• *de la terre pour mettre sous les membranes ;*

• *de belles roches plates à placer sur les membranes où l'eau va s'écouler. On n'utilise jamais de béton pour stabiliser les roches dans les cascades. C'est la terre sous les membranes qui fait office de « gaine » en maintenant les membranes collées sur les roches où s'écoule l'eau.*

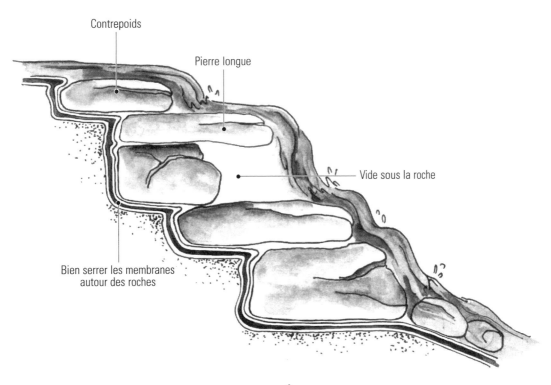

32. CAISSE DE RÉSONANCE

Sylvain Racine, diplômé du Collège Mac Donald et aménagiste, suggère de créer de l'interférence pour modifier le parcours de l'eau en disposant de petites pierres plates et des galets sur les grandes pierres. Camouflez les excédents de membranes avec de la mousse de sphaigne fraîche, des plantes de rivage, du bois mort, de vieilles souches, etc.

Pour accentuer le bruit de la cascade, vous pouvez créer une caisse de résonance (voir page précédente) en laissant un espace vide en arrière de la tombée d'eau. Pour ce faire, utilisez de longues roches et posez-les en porte-à-faux sur les paliers de la cascade. Ce vide va amplifier le son de l'eau qui tombe.

Pour dissimuler le rebord des membranes le long de la tranchée, placez-y des pierres et aménagez tout autour des massifs de plantes des lieux humides. Utilisez des pièces de géotextile en guise de contenant, pour éviter que la terre de plantation ne se lessive sous l'action de l'eau.

Les bordures seront façonnées à l'aide de roches, pour conserver l'aspect « naturel » de la cascade. Les membranes devraient avoir au moins 30 cm d'excédent de chaque côté de la tranchée.

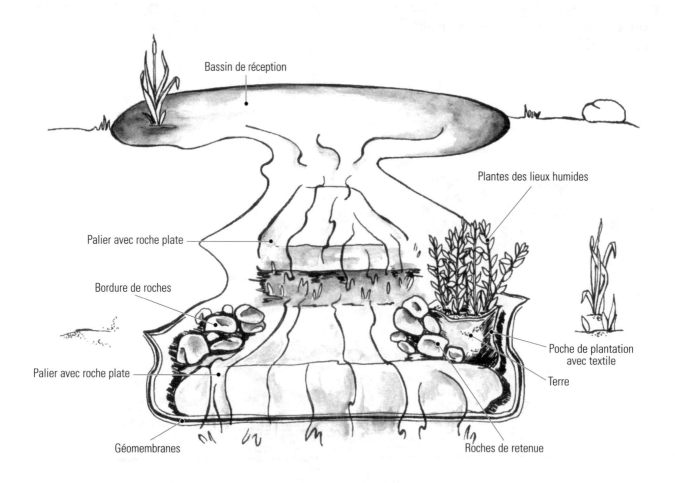

Bassin de réception

Plantes des lieux humides

Palier avec roche plate

Bordure de roches

Poche de plantation avec textile

Palier avec roche plate

Terre

Géomembranes

Roches de retenue

33. FINITION DE CASCADE (vue de face)

Un sentier : *Au moment de la planification initiale, prévoyez un espace nécessaire pour aménager un sentier. Celui-ci vous permettra de vous approcher facilement de la cascade et de contourner le bassin de réception. Ces éléments constitueront des pôles d'attraction sans pareil lors de vos promenades, les vôtres et celles de vos invités.*

Les abords de la cascade et du bassin de réception seront aménagés avec des plantations de vivaces, de graminées et d'arbustes. Des agencements de roches viendront donner du volume à l'ensemble et intégrer le tout au paysage environnant.

Le ruisseau

Le filet d'eau qui ruisselle sur des galets en direction d'un torrent qui dévale dans le jardin d'eau doit s'adapter au décor environnant. Dans les cas de jardins aquatiques, le ruisseau se définit par opposition à la cascade, c'est-à-dire que l'on parlera non de sa hauteur mais bien de sa longueur. Le ruisseau s'adapte bien à diverses conditions d'aménagement et il est particulièrement apprécié en terrain plat. Tout comme la cascade, il offre une très belle sonorité.

Le ruisseau a des avantages indéniables. Signalons entre autres qu'il est facile à réaliser, plus facile qu'une cascade.

- Il n'a pas besoin d'une grande membrane.

- Il n'exige pas une pompe à fort débit.

- Un long ruisseau occupe une grande partie du terrain, ce qui permet d'effectuer un aménagement paysager à bon compte.

La création d'un ruisseau est un travail passionnant à réaliser.

- Le lit du ruisseau va en s'élargissant, en se rétrécissant ; il épouse les formes du terrain ; son débit peut varier selon les paliers et les pentes qui jalonnent son parcours ; il peut même changer de direction.

- On peut prévoir divers points d'attraction tout au long de son parcours : un seuil, des paliers multiples, une souche dans son lit, une roche qui divise le flot en deux branches, un ponceau, une plantation composée de plantes des lieux humides.

- Un sentier qui suivrait le parcours sinueux du ruisseau permettra de modifier les points de vue, de créer des éléments de surprise et de présenter des aspects différents

- Le ruisseau, à cause de sa longueur et de la diversité de son tracé, invite à visiter le jardin.

La source cachée : *On tentera le plus possible de camoufler le point de départ du ruisseau, c'est-à-dire le bassin de réception. Celui-ci ne devrait pas être visible afin de donner l'impression que le ruisseau prend sa source... ailleurs ! Un aménagement de roches et quelques plantations de conifères arrivent souvent à créer cette impression de source lointaine.*

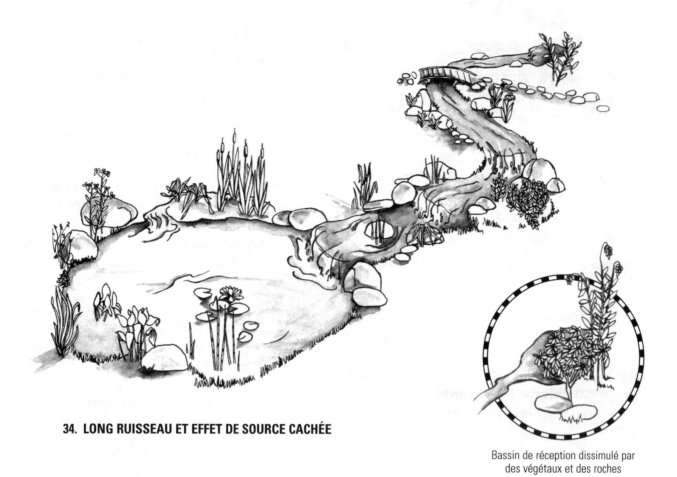

34. LONG RUISSEAU ET EFFET DE SOURCE CACHÉE

Bassin de réception dissimulé par
des végétaux et des roches

Muret de retenue

Bassin de réception

Arbustes pour cacher
le bassin de réception

Obstacles

40 cm

Obstacle

30 cm

Obstacle

Obstacle

20 cm

Obstacle

10 cm

0 cm

35. PARCOURS DU RUISSEAU

L'aménagement du ruisseau est simple. Commencez par bien compacter la terre et la plaque de gazon récupérées lors du creusage du plan d'eau. Au besoin, ajoutez de la terre lourde et argileuse, et compactez-la fermement. Façonnez le parcours du ruisseau en creusant une tranchée de 15 cm de profondeur, avec une légère pente en direction du bassin. Le tracé du ruisseau et sa largeur sont laissés à votre discrétion. Osez ! La création d'un ruisseau est une occasion merveilleuse de se rapprocher de la nature.

Avec le ruisseau comme avec la cascade, on travaille avec le « niveau repère », à 12 cm sous le niveau des bordures. Installez les trois membranes (géotextile, membrane imperméable et géotextile) dans le parcours de la tranchée, en commençant par le bas. Assurez-vous que ces membranes retombent en « bavette » sur celles du bassin principal, avec un excédent d'environ 30 cm.

Recouvrez les membranes de galets et de pierres. Vous pouvez ajouter une souche, des plantes, quelques grosses pierres qui ralentiront le débit, etc. Faites couler l'eau, observez, modifiez. Laissez libre cours à votre créativité.

Comment faire une plantation dans le lit d'un ruisseau : Fabriquez une poche de plantation à l'aide de géotextile, remplissez-la de terre et installez-la dans le ruisseau. Plantez-y des plantes des lieux humides, tels le butome, les sagittaires ou les quenouilles. Recouvrez la poche de galets, coincez-la entre deux roches, et le tour est joué !

Ici aussi, il faudra aménager un bassin de réception. À moins de vouloir créer un second jardin d'eau en amont (voir le dessin 37, page 82), on tentera autant que possible de dissimuler le bassin de réception dans les aménagements de ruisseau (voir le dessin 34, page précédente). Quelques pierres et quelques plantes viendront camoufler ce bassin « secret ». Pour déterminer la grandeur du bassin de réception, référez-vous au tableau du chapitre suivant.

Le bassin de réception

Au point le plus haut de la cascade (ou du ruisseau), il faudra aménager le bassin de réception. Ce dernier a pour rôle principal d'amortir le jet qui arrive de la pompe. L'eau arrive du jardin d'eau par un tuyau qui est camouflé dans le bassin de réception. Ce dernier se remplit et l'eau déborde sur les roches de la cascade en un mouvement « naturel ».

Pour déterminer les dimensions de ce bassin, il faut tenir compte du débit de la pompe, de l'envergure de la cascade (ou du ruisseau) et des fonctions secondaires que l'on veut donner à cet élément de notre aménagement.

Parmi les fonctions secondaires (voir les dessins de la page suivante) :

- Ce bassin peut devenir un second jardin d'eau et donner l'impression de deux étangs se déversant l'un dans l'autre.

- Ce bassin peut servir de lieu de plantation pour les plantes oxygénantes ; celles-ci seront ainsi à l'abri des poissons herbivores, telles les carpes japonaises.

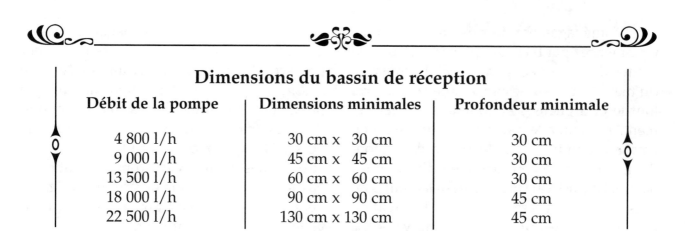

Dimensions du bassin de réception

Débit de la pompe	Dimensions minimales	Profondeur minimale
4 800 l/h	30 cm x 30 cm	30 cm
9 000 l/h	45 cm x 45 cm	30 cm
13 500 l/h	60 cm x 60 cm	30 cm
18 000 l/h	90 cm x 90 cm	45 cm
22 500 l/h	130 cm x 130 cm	45 cm

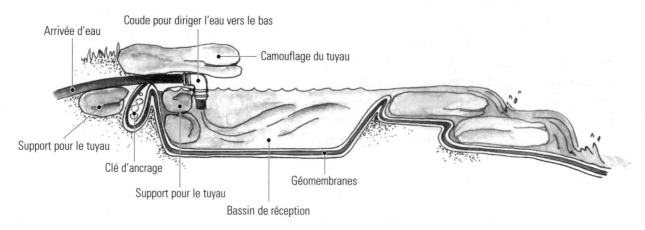

36. BASSIN DE RÉCEPTION DE PETITE DIMENSION

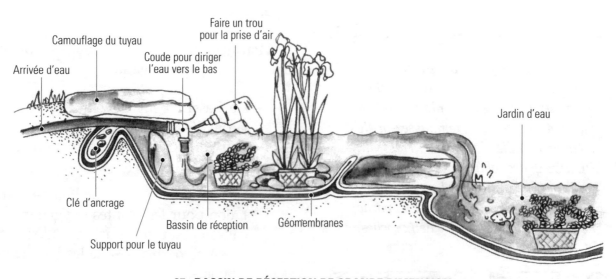

37. BASSIN DE RÉCEPTION DE GRANDE DIMENSION

L'envergure de la cascade (ou du ruisseau) et le débit de la pompe sont deux autres facteurs inter-reliés dont il faut tenir compte. À petite cascade, petite pompe, petit débit. Pour les pompes ayant un débit de 4 500 litres à l'heure et moins, prévoyez un bassin d'environ 30 cm sur 30 cm, avec une profondeur de 30 cm.

Dans le cas d'un débit plus élevé, le tableau de la page précédente devrait vous guider au sujet des dimensions à prévoir pour l'arrivée d'eau. Allez-y le plus généreusement possible.

Les bordures du bassin de réception retiendront l'eau sur trois côtés, le quatrième étant celui où l'eau se déversera dans la cascade.

Autour des ruisseaux et cascades

C'est l'aménagement qui entourera votre plan d'eau et votre cascade ou ruisseau qui donnera de la crédibilité à l'ensemble. Prévoyez les espaces nécessaires pour des plantations de vivaces et d'arbustes, pour des sentiers de promenade et des lieux de repos. Pensez à un banc pour méditer, à un hamac pour se relaxer, à une tonnelle pour lire en vous laissant bercer par le murmure du ruisseau.

Dominique Lapalme suggère ceci :

« Les cours d'eaux aménagés au soleil bénéficieront de la présence d'arbustes et de plantes disposés de façon à les ombrager. Cette ombre contribuera à limiter le réchauffement des pierres et de l'eau des cascades. Interposer des végétaux entre l'eau et le soleil ne suffit pas. Les arbustes à feuillage persistant (*ilex, rhododendrons, conifères*) structurent, supportent et ombragent l'aménagement tout le long de l'année. L'intégration réussie de ces arbustes harmonisera leurs rôles de voile pour les cours d'eaux. Ce sera une toile de fond sur laquelle les autres plantes se distingueront au long des saisons. Les arbustes feuillus (*amélanchier, potentille, syringa*) contribueront également à garder les cours d'eau au frais. Malgré la perte de leurs feuilles à proximité du jardin d'eau, la rapidité de leur croissance et les multiples apparences qu'ils prennent les rendent incontournables dans l'aménagement de nos terrains. Enfin, les plantes vivaces, qu'elles soient terrestres (*aster, hemerocallis, trollius*) ou riveraines (*iris, peltandra, scirpus*) participeront, elles aussi, à l'embellissement et la fraîcheur des cours d'eau. »

Les roches : Intégrez des roches dans votre aménagement. Conservez une certaine unité dans le choix du type de roches et dans celui de leurs teintes. Creusez un lit pour chaque roche et enfoncez-les dans le sol de façon qu'elles s'intègrent harmonieusement dans le décor. Chaque pierre a sa personnalité, chaque roche a une signification. Les Japonais disent même que chacune a son énergie propre, yin ou yang. Il faut retourner les roches, les manipuler et les observer pour saisir leurs caractéristiques et trouver l'emplacement qui les mettra en valeur.

Bassin de réception

Ponceau

Sentier

38. ACCÈS AU JARDIN

Les fontaines et jeux d'eau

Dans le style dit « naturel » plus près de la nature qui caractérise beaucoup de jardins d'eau, les fontaines et les jeux d'eau apparaissent incongrus et on va leur préférer une cascade ou un ruisseau.

Par contre, les fontaines et les jeux d'eau ont leur place dans les jardins formels comme ceux de Versailles par exemple, dans les bassins dits commerciaux, dans des aménagements à caractère industriel mais trêve de plaisanterie, ils sont aussi d'un très grand intérêt pour les petits espaces.

Dans le vocabulaire courant du jardinage aquatique, une fontaine c'est une vasque de réception avec une pompe qui permet à l'eau de s'écouler sur une statue ou sur une sculpture. C'est un élément autonome en soi qui va des statues faites en série jusqu'à la sculpture originale figurative ou abstraite. Les matériaux vont du béton au bronze, en passant par la polyrésine et le plastique. Il y a même des modèles pour l'intérieur (fontaines de table) et des modèles muraux pour l'intérieur et pour l'extérieur.

Voici quelques idées d'aménagement avec des fontaines : créer un coin lecture au jardin, près d'une fontaine qui fait entendre son doux mumure ; aménager une fontaine en plein cœur d'une plate-bande fleurie ; créer un

Certains bassins de fontaines sont tellement petits qu'on ne peut pas parler de biotope, il n'y a pas d'espace suffisant pour y mettre des plantes plantes aquatiques. Pour éviter la prolifération d'algues, on ajoutera quelques gouttes de chlore ou d'eau de Javel, au

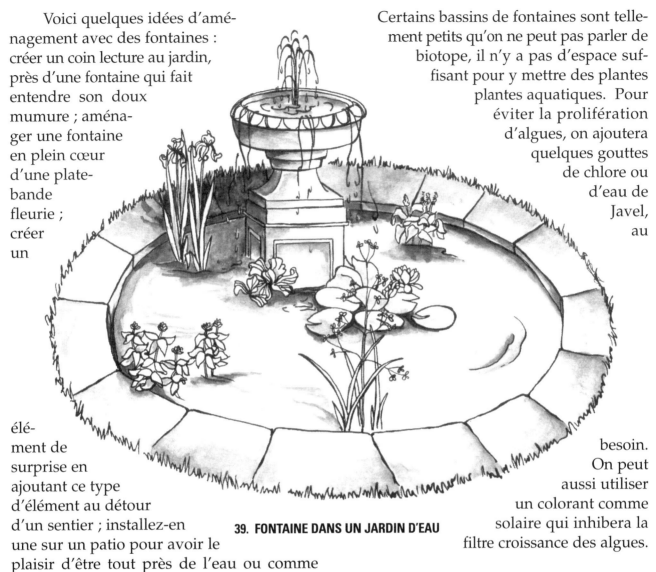

39. FONTAINE DANS UN JARDIN D'EAU

élément de surprise en ajoutant ce type d'élément au détour d'un sentier ; installez-en une sur un patio pour avoir le plaisir d'être tout près de l'eau ou comme attrait dans l'aménagement des jardins devant votre résidence. C'est un complément parfait dans un aménagement formel.

besoin. On peut aussi utiliser un colorant comme solaire qui inhibera la filtre croissance des algues.

Quand on mentionne les jeux d'eau, on fait habituellement référence à des jets d'eau qui s'installent dans des plans d'eau à partir

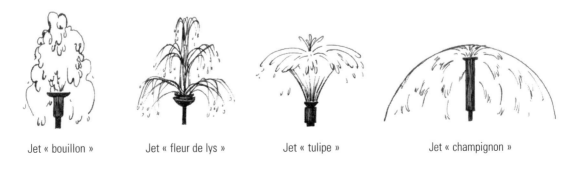

Jet « bouillon »   Jet « fleur de lys »   Jet « tulipe »   Jet « champignon »

40. LES JETS D'EAU

de différentes têtes d'ajutage reliées à une pompe. Cela suppose trois éléments, un bassin, une pompe et l'ajutage*.

On préfère utiliser les jeux d'eau dans les aménagements de type formel dans les bassins à forme géométrique définie. Il y a quelques précautions à prendre lors de la planification de telles installations pour jouir de ce type d'aménagement.

Pour éviter les éclaboussures d'eau hors du bassin et éventuellement risquer que le bassin ne se vide, il faut tenir compte de la hauteur du jet, celle-ci ne doit pas dépasser 50 % du diamètre du plan d'eau.

- D'autre part, évitez les endroits exposés au vent, ce dernier brise le jet qui perd ainsi tout son effet esthétique et de plus, la gerbe d'eau se trouve déportée en dehors du bassin.

- Le développement des nymphéas étant inhibé par les éclaboussures, il faut prévoir la distance nécessaire pour assurer la protection des plantes.

- Les ajutages destinés au marché résidentiel sont munis d'orifices très petits qui ont tendance à se boucher. Il faudra donc prévoir un système de filtration mécanique et procéder à un nettoyage régulier de ce dernier. Pour contrer cet inconvénient, nous vous proposons, avec le

dessin suivant, une méthode d'installation qui facilitera l'entretien des filtres.

Le jet d'eau : Contrairement à certaines idées reçues, le jet d'eau n'est pas une source d'oxygène valable. Car l'eau se réchauffe en jaillissant dans l'air chaud et lorsqu'elle retourne au jardin d'eau, elle est en perte d'oxygène. Ainsi, la qualité de l'eau est moindre, ce qui diminue d'autant l'efficacité des bactéries.

Pompe accessible
pour nettoyer le filtre

Support
pour le jet d'eau

41. INSTALLATION DU JET D'EAU

---

* L'ajutage est souvent appelé « tête de fontaine » ou « jet d'eau ».

42. VASQUE AVEC MASCARON

Les mascarons

Idéal pour les espaces exigus, le mascaron* est une autre façon d'apprivoiser l'eau. Le mascaron ou la fontaine murale s'installe sur un mur. Au pied de ce mur, une minuscule vasque recueille l'eau et une pompe à faible débit fait circuler l'eau sans provoquer d'éclaboussures. Même entouré de béton, le mascaron crée un environnement rafraîchissant à cause du plaisir que l'on a à entendre couler l'eau et à se rapprocher de la nature.

L'art dans le jardin

Un jardin bien aménagé est une œuvre d'art, un lieu hors du temps où il fait bon vivre. L'intégration d'une sculpture originale viendra ajouter à la pérennité de cette œuvre toute personnelle. Il existe chez nous des artistes qui se consacrent à cet art que sont les sculptures de jardin. Celles-ci animeront votre décor été comme hiver.

Voici une réflexion de Julie Dansereau :

Un jardin d'eau demande du temps pour s'épanouir. Vous le pensez avec soin, mais ce sont les saisons et sa course vers l'équilibre qui en feront un petit objet d'art. Il est donc tout à fait naturel de penser à d'autres formes d'art pour offrir un compagnon à son jardin d'eau. Toutefois, il est préférable d'attendre les signes d'une certaine maturité du jardin pour choisir l'objet qui saura compléter l'image que vous désirez donner à votre pièce d'eau. Les objets, surtout les sculptures, doivent être positionnés pour donner une impression de force. Voilà une autre raison de prendre son temps pour apprivoiser l'entourage du jardin d'eau et pour choisir l'emplacement idéal. Dans les grands jardins des siècles passés, les sculptures étaient toujours placées au bout des allées, de façon à attirer l'attention. Trouvez le point de vue, c'est ça le secret !

---

* Selon *Le Petit Larousse*, édition 2000, le mascaron est un masque sculpté de fantaisie pouvant décorer l'agrafe d'un arc, la panse d'un vase, l'orifice d'une fontaine, etc.

Chapitre 9

LES POMPES

Les pompes à air ou les systèmes d'oxygénation

Pompe à air   Diffuseur

L'équilibre du biotope peut requérir un apport mécanique en oxygène. Les bactéries qui contrôlent les algues et celles qui digèrent les sédimentations sont particulièrement actives et efficaces dans un milieu saturé d'oxygène. Les poissons bénéficieront d'un apport supplémentaire d'oxygène aussi bien en été, quand l'eau se réchauffe, qu'en hiver alors que le déglaçage de l'étang leur permettra d'hiberner dans de bonnes conditions dans le plan d'eau.

Pour choisir le bon injecteur d'air, il faut tenir compte de la surface du plan d'eau, de sa profondeur ainsi que de la longueur de tuyau utilisée pour les branchements des diffuseurs d'air*. Un guide détaillé pour le choix des systèmes d'aération est présenté à l'annexe 3.

Des diffuseurs à air (pierres d'aération) seront branchés sur la pompe et installés au fond du plan d'eau pour répartir convenablement les bulles d'air miniatures. Des soupapes permettent de calibrer l'air selon le nombre de diffuseurs requis.

Ces pompes doivent être installées dans un endroit sec, à l'abri des intempéries. Un tuyau de silicone ou de corlon permet de raccorder la pompe aux diffuseurs.

Lorsque la pompe à air sert seulement au déglaçage durant l'hiver, un petit appareil de 5,5 l/m pourra faire l'affaire. L'installation de ce système requiert cependant quelques précautions :

---

* Si la pompe est installée dans le garage, par exemple, le tuyau sera probablement plus long que si la pompe est installée tout près du plan d'eau. Les spécialistes sauront vous conseiller.

- Placez la pompe près de l'étang, dans une boîte de polystyrène ;

- Faites plusieurs trous dans le haut de la boîte pour permettre une bonne prise d'air et pour éviter la condensation dans le tuyau ;

- Placez une soupape de retenue à l'extrémité du tuyau, pour éviter que l'eau ne remonte dans celui-ci en cas de panne de courant. Cette soupape permettra la formation de grosses bulles qui agiteront efficacement la surface de l'eau et empêcheront la glace de se former ;

- La sortie d'air doit se trouver à quelques centimètres sous la surface de l'eau pour avoir une efficacité maximale ;

- Par mesure de précaution, faites flotter un cône de polystyrène à l'endroit où se forment les bulles d'air pour permettre une isolation maximale*. Utilisez des baguettes de bois comme flotteurs et fixez le cône à l'aide d'un fil de nylon pour qu'il demeure au bon endroit ;

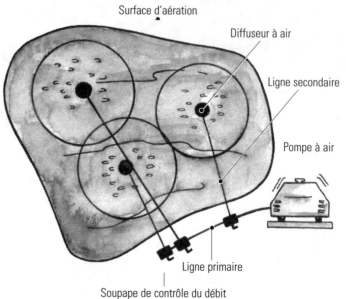

43. SYSTÈME D'AÉRATION

- Percez le haut du cône pour permettre aux biogaz de s'échapper et pour que vous puissiez vérifier le bon fonctionnement du système.

Cette installation sera en place de la fin novembre jusqu'au mois de mars.

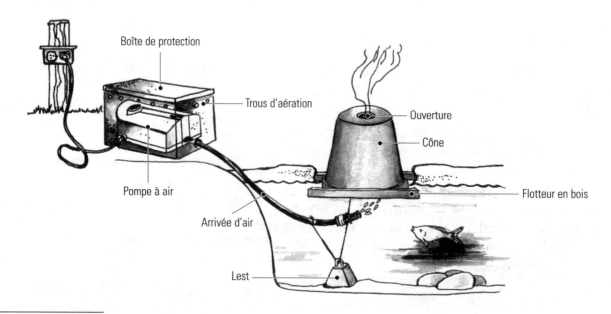

44. SYSTÈME D'AÉRATION POUR L'HIVER

---

* Nous remercions M. Denis Bernard pour la suggestion d'ajouter un cône à notre système d'hiver.

L'entretien d'hiver : Assurez-vous qu'il y a toujours formation de bulles à la surface de l'eau. Il peut arriver que de la glace se forme dans le tuyau, à cause de la condensation, et qu'elle empêche l'air de se rendre dans le bassin. La condensation se forme quand la pompe « manque d'air » soit à cause d'un nombre insuffisant de trous d'aération ou à cause de l'accumulation de neige sur la boîte. Dégagez alors la boîte et refaites d'autres trous, si nécessaire. Versez de l'eau bouillante sur toute la longueur du tuyau pour le dégager de la glace. Entrez-le à l'intérieur pendant quelques heures pour le réchauffer, puis réinstallez le tout.

Les pompes à eau

Deux types de pompe à eau sont disponibles pour le jardinage aquatique : les pompes submersibles et les pompes sèches. De façon générale, l'utilisation des pompes sèches est réservée aux très grosses cascades nécessitant plus de 23 000 litres d'eau à l'heure, aux jardins baignables et aux jardins de kois. Les pompes submersibles sont utilisées pour les cascades, les ruisseaux, les marais filtrants, les fontaines et les jeux d'eau que l'on retrouve dans les aménagements résidentiels.

Les pompes pour les cascades et pour les ruisseaux

Le choix d'une pompe pour une cascade ou un ruisseau sera fait en fonction des trois éléments suivants :

- La largeur prévue de la coulée d'eau ;

- Sa hauteur, c'est-à-dire la distance, en ligne droite, entre le niveau de l'eau et le haut de la cascade, ce qu'on appelle la dénivellation ;

- La distance entre la pompe et la sortie d'eau, ce qui équivaut à la longueur du tuyau. Rappelez-vous que l'on recommande de placer la pompe à l'extrémité du bassin qui est à l'opposé de la cascade.

La puissance d'une pompe à eau se calcule selon son débit à l'heure (l/h). Commencez par déterminer la largeur de la coulée d'eau et utilisez le ratio suivant pour déterminer les besoins de base.

Pompe submersible

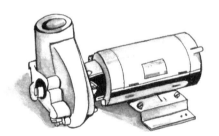

Pompe sèche

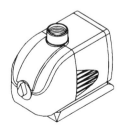

Pompe submersible

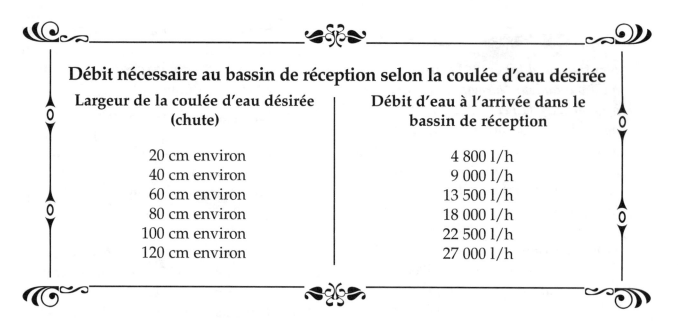

Débit nécessaire au bassin de réception selon la coulée d'eau désirée

Largeur de la coulée d'eau désirée (chute)	Débit d'eau à l'arrivée dans le bassin de réception
20 cm environ	4 800 l/h
40 cm environ	9 000 l/h
60 cm environ	13 500 l/h
80 cm environ	18 000 l/h
100 cm environ	22 500 l/h
120 cm environ	27 000 l/h

Les fabricants de pompes fournissent des indications pour déterminer la capacité (en l/h) de la pompe par rapport à la hauteur de poussée. À titre d'exemple, certaines pompes qui donnent un débit de 4 800 l/h à une **hauteur** de 30 cm ne fourniront que 3 400 l/h à une **hauteur** de 150 cm.

Après avoir pris en considération la **largeur** de la coulée d'eau désirée et la **hauteur** de la cascade ou du ruisseau, il faudra tenir compte du **facteur de friction** associé à la longueur du tuyau qui amène l'eau dans le bassin de réception. Pour le moment, retenez que plus le tuyau est long, plus le facteur de friction sera élevé, ce qui diminuera d'autant l'efficacité du débit de la pompe. Pour déterminer précisément le débit nécessaire, référez-vous à l'annexe 3, sur les pompes.

Bassin de réception
dans le haut de la cascade

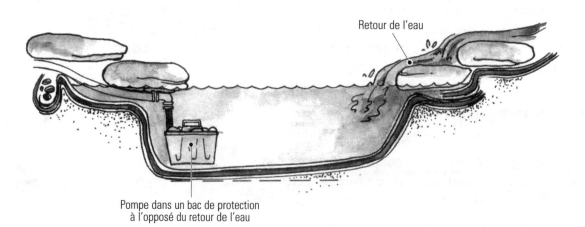

Retour de l'eau

Pompe dans un bac de protection
à l'opposé du retour de l'eau

45. INSTALLATION DE LA POMPE SUBMERSIBLE

La pompe submersible est un choix idéal pour un débit inférieur à 23 000 l/h. Il existe, sur le marché, d'excellentes pompes à bas wattage et à fonctionnement continu. La pompe doit toujours être placée à l'extrémité qui est à l'opposé de la cascade, dans la partie la plus profonde du bassin.

Protection de la pompe : Protégez la pompe en l'installant dans un bac pour éviter que les saletés accumulées au fond du plan d'eau ne viennent la bloquer.

Lorsque le débit est supérieur à plus de 23 000 litres à l'heure, il faut se tourner du côté des pompes à installer hors de l'eau, communément appelées **pompes sèches**. Ce type de pompe à fort débit doit être installé au sec dans un abri, de préférence insonorisé. Plusieurs modèles se branchent sur le 220.

Ce genre de pompe est aussi utilisé pour les jardins baignables. Consultez un spécialiste pour choisir une pompe qui sera résistante et peu énergivore, puisqu'elle fonctionnera en continu de mars à novembre.

Les pompes pour les marais filtrants

Deux options s'offrent à vous dans le choix d'une pompe à installer pour faire fonctionner le marais filtrant : la diversion de la pompe principale de la cascade ou du ruisseau, si le débit le permet, ou l'ajout d'une pompe indépendante.

La quantité d'eau qui circule dans le marais ne doit pas être trop importante afin d'éviter de stresser le système de racines des plantes. Un débit d'environ 1 800 l/h pour chaque largeur de 30 cm de largeur serait convenable. Pour une idée plus précise du débit d'eau selon les surfaces de marais, référez-vous au tableau de l'annexe 2.

Si le jardin d'eau ne comporte ni cascade ni ruisseau, on branchera une petite pompe submersible directement dans le marais. On la placera dans un bac, dans la partie opposée du marais, pour permettre une épuration optimale de l'eau.

Dans le cas où une pompe serait déjà en place pour faire fonctionner une cascade ou un ruisseau, calculez si le débit est suffisant pour faire fonctionner en plus le marais. Si c'est le cas, installez un « T » sur le tuyau de la cascade et créez une diversion vers le marais. Dans le cas contraire, ajoutez une petite pompe indépendante.

Les pompes pour les jeux d'eau et les fontaines

Les pompes utilisées pour les fontaines ont généralement un débit variant entre 300 l/h et 1 000 l/h. Habituellement, la pompe est incluse dans le prix d'achat de la fontaine.

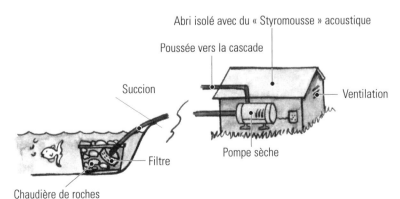

Abri isolé avec du « Styromousse » acoustique

Poussée vers la cascade

Succion

Ventilation

Pompe sèche

Filtre

Chaudière de roches

46 POMPE SÈCHE AVEC ABRI

Dans le cas des jeux d'eau, c'est le choix de l'ajutage ainsi que la hauteur du jet d'eau qui détermineront le débit de la pompe. Les fabricants proposent un ratio pompe/ajutage pour faciliter la sélection du produit qui conviendra à votre plan d'eau.

La quincaillerie

Les pompes submersibles et les pompes sèches ne produisent pas de pression. Il est donc important de choisir un tuyau ayant le diamètre le plus grand possible pour contrer l'effet de friction, car celui-ci diminue la vélocité du jet d'eau. Une règle de base consiste à choisir un tuyau ayant un diamètre égal ou supérieur à la sortie de la pompe.

De façon générale, on utilise un tuyau d'eau, ayant un diamètre d'au moins 3,7 cm pour les pompes de plus de 4 800 l/h. Au-delà de ce débit, on choisira un tuyau d'au moins 5 cm. Pour les pompes sèches à fort débit, le diamètre du tuyau peut aller jusqu'à 7,5 cm. Lorsque la sortie de la pompe est plus petite que le diamètre de tuyau recommandé, on utilisera un adaptateur prévu à cet effet.

On évitera, autant que faire se peut, les virages à angle droit (par l'ajout de coudes), pour ne pas opposer de résistance à la course de l'eau. Comme l'effet de friction diminue

Les tuyaux en hiver : Il n'est pas nécessaire d'enfouir les tuyaux en profondeur pour les mettre à l'abri du gel puisqu'ils se vidangeront automatiquement lors de l'arrêt de la pompe à l'automne, à cause du facteur de gravité.

l'efficacité de la pompe, il faut choisir un tuyau flexible comme les tuyaux de corlon ou ceux en vinyle et voir à ce que l'intérieur du tuyau soit lisse.

Quel que soit le type d'appareil choisi, le bac de la pompe submersible ou celui de la prise d'eau (dans le cas des pompes sèches) doit être accolé à la paroi abrupte du bassin. Le tuyau et le bac pourront ainsi être facilement camouflés par une membrane géotextile et un peu de roches.

L'installation du tuyau dans le bassin de réception requiert quelques précautions :

- Le jet d'eau sera dirigé vers le bas par l'ajout d'un coude à 90° ;

- Si la surface du bassin de réception est supérieure à 1 m², il faut prévoir une prise d'air dans le tuyau pour éviter que le bassin ne se vide lors de l'arrêt de la pompe (voir le dessin 37, page 82) ;

- Pour camoufler le tuyau, il suffit de déposer une roche plate par-dessus ;

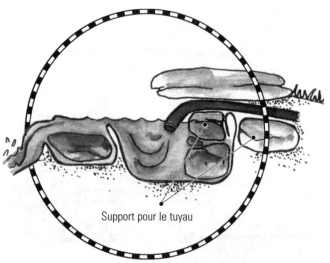

Support pour le tuyau

46. INSTALLATION SUPPORT TUYAU DE POMPE

• Si l'on veut éviter que le tuyau s'enfonce dans le sol à cause du poids de la roche de finition, on aménagera un support à l'extérieur du bassin de réception et un autre à l'intérieur, à l'aide de pierres.

Au sujet des pompes

Sécurité : Toute pompe de jardin d'eau doit être branchée sur une prise de courant munie d'un disjoncteur différentiel (GGFT ou GFI). Il ne faut pas mélanger l'électricité et l'eau ; c'est un cocktail mortel. Faites appel à un électricien pour installer une prise qui respectera les normes de sécurité. Celle-ci doit être placée à 1 m du bassin et à 30 cm au-dessus du sol, et dotée d'un couvercle à l'épreuve des intempéries. La prise est branchée sur du fil 12/2 et ce dernier est enterré à 15 cm dans le sol.

Si vous ressentez un petit pincement en touchant à l'eau ou si les poissons semblent agités, débranchez immédiatement la pompe et faites vérifier l'installation électrique, sans délai.

Durabilité : Une pompe doit être branchée directement sur une prise de courant. Une rallonge électrique ne doit jamais être utilisée puisqu'il y a alors une perte de voltage, ce qui peut faire brûler le moteur de la pompe en quelques jours.

Entretien : Le débit de la pompe peut être contrôlé par une valve et on peut réduire celui-ci sans abîmer le mécanisme. Toutefois, l'entrée d'eau ne doit jamais être restreinte, car cela risque de faire surchauffer la pompe. Assurez-vous que la prise d'eau et les filtres soient toujours propres, exempts d'algues, et qu'aucune restriction ne nuit à la succion de l'eau.

Installation : Pour éviter que les sédimentations et les saletés ne soient aspirées par la pompe, n'oubliez pas d'installer celle-ci dans un bac, au fond du bassin.

Fonctionnement continu : Depuis quelques années, les nouvelles pompes pour les jardins d'eau sont conçues pour permettre un fonctionnement continu. Elles sont peu énergivores et peuvent donc être branchées de mars à novembre sans interruption.

Minuterie : Certaines pompes qui ne sont pas conçues spécifiquement pour les cascades doivent être arrêtées au moins une fois par jour pour assurer leur lubrification. Elles seront branchées sur une minuterie qui permettra de les arrêter durant la nuit, ce qui représente une économie d'électricité. On pourra faire fonctionner l'appareil de 4 heures le matin jusqu'aux alentours de 22 heures[*].

Huile : L'huile contenue dans certains modèles de pompe n'est pas toxique pour la faune ni pour la flore du jardin d'eau. Si, par malheur, un déversement d'huile survenait, épongez celle-ci à la surface de l'eau avec du papier journal ou du papier absorbant, quoique le meilleur outil demeure une serviette de ratine.

Garantie : Toutes les pompes à eau ont une garantie qui devient nulle si la pompe a été ouverte par qui que ce soit. Si votre pompe ne fonctionne pas adéquatement, ramenez-la chez votre marchand, il s'en occupera.

Les pompes à air : La longévité de ces pompes est excellente. De plus, il est facile d'obtenir des pièces pour les réparer, par exemple des diaphragmes que l'on peut changer soi-même sans compromettre la garantie.

[*] Voir le tableau du coût de la consommation électrique à l'annexe 3.

Chapitre 10

DIVERSION

L'eau dans le jardin peut prendre diverses formes, une cascade ou un ruisseau, une fontaine, un minuscule jardin à la japonaise ou un grandiose jardin formel. On peut aussi lui donner d'autres attributions : la baignade, une aire de jeux pour les enfants, un jardin de kois, on peut l'apprivoiser sur un balcon ou en jouir à l'année, à l'intérieur.

Le jardin baignable

Quoi de plus rafraîchissant que le murmure d'une source coulant à proximité de chez soi ? Quoi de plus invitant que la simple vue d'un petit étang ? Le jardin d'eau a toutes ces qualités… et même plus encore… Et puis l'eau, on a souvent l'envie de s'y tremper pour se rafraîchir, ou pour jouer. C'est irrésistible ! On a envie d'être « dedans » !

Nous avons mis au point le concept du jardin d'eau baignade pour des gens qui sont très attirés par l'élément aquatique sans toutefois souhaiter investir dans une piscine. Que le budget soit une première limite ou que l'espace en soit une autre ou tout simplement le désir d'un bel environnement, aménagé de la façon la plus naturelle et écologique possible, ce concept offre des possibilités inestimables.

Les éléments du jardin d'eau baignade :

- **De l'eau propre sans chlore ;**

- Une profondeur pouvant atteindre 2 m pour la natation ;

- Une zone de 60 cm de profondeur (représentant 1/3 de la surface) réservée aux plantes aquatiques ;

- Des parois abruptes pour une bonne rétention du sol ;

- L'utilisation de géomembranes pour l'imperméabilisation ;

- Un marais filtrant proportionné à la surface du plan d'eau pour l'épuration* ;

- Un choix de plantes dans le marais qui filtrent les coliformes** ;

---

* Voir l'annexe 2, sur les marais filtrants.

** Voir l'annexe 5, sur le choix des plantes.

Vue en plan

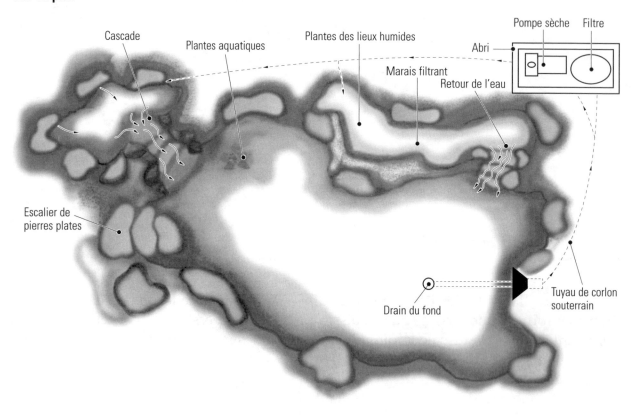

Cascade

Plantes aquatiques

Plantes des lieux humides

Pompe sèche   Filtre

Abri

Marais filtrant

Retour de l'eau

Escalier de
pierres plates

Drain du fond

Tuyau de corlon
souterrain

Coupe longitudinale

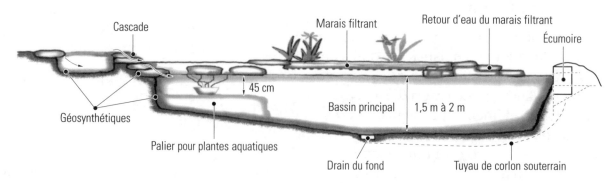

Cascade

Marais filtrant

Retour d'eau du marais filtrant

Écumoire

Géosynthétiques

45 cm

Bassin principal   1,5 m à 2 m

Palier pour plantes aquatiques

Drain du fond

Tuyau de corlon souterrain

Concept : *À Fleur d'Eau*
Design : *Aquadesign*

48. JARDIN BAIGNADE

- L'ajout régulier de bactéries qui assurent une bonne qualité d'eau ;

- Un filtreur à piscine pour la clarté de l'eau, sans chlore puisque le marais filtrant épure déjà l'eau de manière naturelle ;

- Une écumoire de surface qui sert à capter les matières en suspension ;

- Un drain de fond, aménagé dans la toile, dans la partie la plus profonde ;

- Un fond recouvert de grandes pierres plates pour l'aspect esthétique et le confort ;

- Un escalier constitué de grandes pierres plates qui facilite l'accès.

Cascade ou ruisseau peuvent s'intégrer au décor. La pompe du filtreur servira à amener l'eau dans le bassin de réception.

Avec un budget nettement inférieur à celui d'une piscine creusée, qui se rapproche plutôt de celui d'une piscine hors terre, votre terrain est aménagé de façon écologique. Il vous permet de profiter à « pieds joints » des effets relaxants et quasi thérapeutiques de l'eau.

Le jardin d'enfant

Les enfants sont attirés par l'eau ; ils veulent l'atteindre facilement. Vous hésitez... Est-ce dangereux ?

Il y a quelques années, nous avons conçu un jardin d'eau pour nos filles d'après les conseils de Jean-Pierre Marcoux, un spécialiste des aménagements pour enfants. L'eau, le sable, les plantes, les volets sécurité et accessibilité, tout a été considéré dans l'élaboration du concept.

Le « jardin d'eau barboteuse » englobe un carré de sable, un jet d'eau et des plantes à arroser. Le jardin d'eau mesure 2 m par 2,5 m. Situé à proximité du carré de sable de la même dimension, il est bordé de plantes vivaces. L'ensemble occupe un espace d'environ 3,6 m par 6 m.

Le bassin est creusé à deux niveaux différents. D'une profondeur de 15 cm, le premier niveau, où est installé le jeu d'eau (une sculpture, une pierre sur laquelle coule l'eau ou un jet d'eau), est accessible aux enfants. Au second niveau, d'une profondeur de 60 cm, sont placées les plantes aquatiques nécessaires à la qualité de l'eau et la pompe. La densité de la végétation rend cette section inaccessible aux enfants. Quelques grandes pierres plates font office de pas japonais et permettent une plus grande accessibilité à l'eau.

Malgré l'intérêt des enfants envers les poissons ornementaux, nous n'en ajoutons pas dans le jardin d'eau. Les poissons préfèrent une vie moins mouvementée que celle que les enfants peuvent leur imposer.

À côté du jardin d'eau, se trouve le bac à sable ; endroit privilégié pour les pâtés, les châteaux, les gâteaux. Avec l'eau à proximité, les constructions de sable sont une réussite. Il faut penser que, grâce à leur accessibilité, l'eau, le sable et les plantes font tout naturellement partie du décor. Nous remarquons que, dans ces conditions, les enfants ont tendance à gérer leur espace de jeu de façon très satisfaisante, même du point de vue d'un parent.

Surveillance : Les très jeunes enfants ne doivent jamais être laissés sans surveillance autour de n'importe quelle pièce d'eau, piscine, jardin ou étang.

Après l'eau, le sable et les plantes aquatiques, il restait à intégrer les plantes terrestres qui constituent le troisième élément du jardin de Sarah et de Rachel. Voici quelques suggestions tirées d'un article de la revue *Country Gardens* à propos de plantes attrayantes pour les enfants, des variétés qui offrent des odeurs, des textures et des floraisons variées. Quelques noms : *silene ameria, coropsis tinctoria, cardiospemum haliacabum, helianthus giganteus, kerria japonica, pleniflora, impatiens balsaminal.* On peut aussi intégrer divers légumes à cet aménagement afin de poursuivre l'initiation au jardinage.

Le jardin de kois

Les amateurs qui souhaitent aménager un jardin d'eau spécifiquement pour les kois s'inspireront du concept du jardin baignade. Les kois possèdent une grande capacité polluante et, en plus, ils sont très exigeants quant à la qualité de leur environnement.

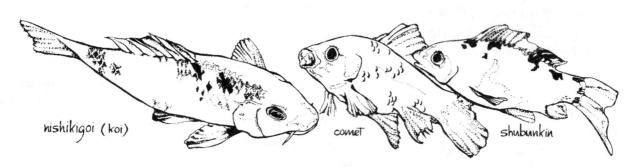

Koi, carassin et shubunkin

Recommandations de ratio pour les poissons

Jardin d'eau

Calculez un koi par 2,5 m².

Jardin de kois, tel que décrit ci-dessus

Calculez un poisson par 0,40 m².
Par exemple :

* 25 kois pour un bassin de 10 m².
* 38 kois pour une surface de 15 m².

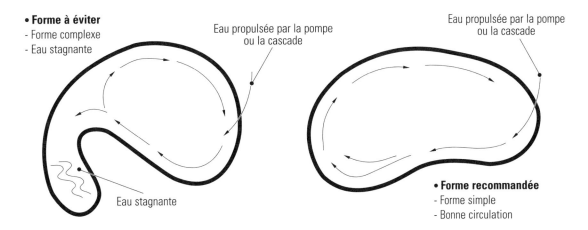

• Forme à éviter
- Forme complexe
- Eau stagnante

Eau propulsée par la pompe
ou la cascade

Eau stagnante

Eau propulsée par la pompe
ou la cascade

• Forme recommandée
- Forme simple
- Bonne circulation

49. FORME DE BASSIN RECOMMANDÉE POUR LES KOIS

Les éléments spécifiques au jardin d'eau des kois :

- Une zone pour les poissons, d'une profondeur variant entre 1 m et 1,5 m ;

- Une zone de plantation aquatique de 60 cm de profondeur représentant environ 1/3 de la surface du bassin ;

- Un muret de pierres sous l'eau entre ces deux zones pour mettre les plantes à l'abri des poissons ;

- Des abris sous l'eau afin que les kois s'y réfugient en cas de besoin ;

- L'utilisation des géomembranes pour l'imperméabilisation ;

- Un marais filtrant représentant 25 % de la surface du plan d'eau pour l'épuration[*] ;

- L'ajout régulier de bactéries qui assurent une bonne qualité d'eau ;

- Un filtreur à piscine pour la clarté de l'eau, sans chlore puisque le marais filtrant épure déjà l'eau de manière naturelle ;

- Une écumoire de surface qui sert à capter les matières en suspension ;

- Un drain de fond, aménagé dans la toile, dans la partie la plus profonde pour l'évacuation des sédiments ;

- Aucune pierre, roche ou galet au fond du bassin pour en faciliter le nettoyage ;

- Une pompe à air calibrée pour la surface et la profondeur de l'étang.

En tenant compte des conditions décrites ci-dessus, le jardin de kois pourra donc accueillir un ratio de poissons plus élevé que le jardin d'eau « régulier ».

Un marais filtrant de plus de 25 % de la surface du jardin pourrait accueillir une plus grande quantité de poissons dans le bassin.

Concept du bassin : Préférez une forme simple et arrondie pour éviter les zones « mortes » et mal oxygénées.

---

[*] Consulter le tableau des proportions des marais filtrants, à l'annexe 2.

Le jardin en contenant

Du plus grand au plus petit espace, l'eau peut être à votre portée !

On pense à un jardin d'eau miniature ou à un jardin en contenant pour les espaces restreints. Une belle poterie, de l'eau et quelques plantes aquatiques…, voilà un jardin d'eau sur mesure pour le balcon, le patio ou même le salon.

N'importe quel contenant étanche d'une dimension **minimale** de 50 cm de diamètre par 30 cm de profondeur peut servir de bassin d'eau. Si nécessaire, imperméabilisez le contenant. Ajoutez de l'eau et laissez reposer 24 heures. Deux bouquets de plantes submergées pour la qualité de l'eau, un nymphéa miniature pour la floraison ainsi qu'une ou deux plantes des lieux humides donnant du volume et de la hauteur à l'aménagement suffiront à garnir le contenant. Ajoutez-y même un poisson rouge qui génère du mouvement et c'est complet ! Avec ou sans pompe qui agite l'eau, le format du bassin simplifie l'entretien. Ajoutez de l'eau, ce qui remédie à l'évaporation naturelle. Fertilisez vos plantes une ou deux fois durant l'été. Incorporez quelques grammes de bactéries chaque semaine. Coupez le feuillage jauni et le tour est joué ! En laissant les plantes en panier de plantation, vous facilitez l'hibernation et les éventuels déménagements. Utilisez des blocs de pavés, des briques, des roches ou des pots renversés afin de positionner les plantes au bon niveau dans le vase décoratif.

Le *nelumbo* (lotus) se prête très bien à la culture en contenant. Vous n'avez besoin que d'un sac de terre, d'une jolie poterie imperméabilisée, d'une bonne fertilisation et d'un endroit pour qu'hiberne le lotus. Plantez le lotus dans un grand bac de plastique. Utilisez le vase comme cache-pot. En plaçant le lotus dans un coin ensoleillé de la maison, vous accélérerez son démarrage au printemps. À la mi-mai, vous pourrez le sortir à l'extérieur.

Imperméabilisation des poteries : *Colmatez les trous du fond avec de la silicone transparente et recouvrez l'intérieur de deux bonnes couches de résine.*

À l'automne, faites hiverner les plantes chez des amis qui entretiennent un jardin d'eau ou placez-les dans une piscine et remisez la poterie à l'abri du gel. Vous pouvez aussi choisir des plantes tropicales comme les *cyperus*, les *zantedechia* et les *bacopa*. De cette façon, votre jardin en contenant pourra passer l'hiver au salon.

50. JARDIN EN CONTENANT

Le jardin d'eau intérieur

Tout est possible ! Une cascade au salon ? Pourquoi pas ? Inspirez-vous de la simplicité du jardin zen pour créer un décor qui respire la tranquillité, pour aménager une scène avec un ruisseau qui vous rapproche de la nature ou encore pour élaborer un jardin formel qui s'harmonise à votre aménagement intérieur.

La première chose dont il faut tenir compte : le poids de l'eau par rapport à la structure du plancher où sera installé le jardin d'eau. Les jardins d'eau intérieurs sont rarement de grande dimension, mais prendre le temps d'évaluer le poids de l'eau permet d'éviter les mauvaises surprises.

Le deuxième point à examiner est l'étanchéité de la structure du bassin.

Les bassins préfabriqués sont excellents pour l'intérieur. Ils assurent étanchéité et simplicité de réalisation. Prévoyez une structure en bois ou en un autre matériau pour encastrer, soutenir et camoufler le bassin de plastique.

Les toiles en PVC ou en EPDM offrent plus de possibilités de création. Par contre, elles sont plus complexes à utiliser dans la réalisation de la structure. Contrairement aux parois du jardin d'eau extérieur creusé à même le sol, les parois du bassin intérieur doivent être solidement soutenues par la structure que vous réalisez. Selon votre décor et l'ambiance recherchée, les blocs à muret peuvent s'avérer intéressants, car ils donnent une forme et une structure au jardin intérieur.

Évitez de déposer les géomembranes ou le bassin de plastique directement sur le plancher. Quelques lattes de bois sur lesquelles vous placez une feuille de styromousse favorisent une bonne aération sous le bassin tout en évitant la condensation sur le plancher.

Pour une bonne qualité d'eau :
Installez une pompe à air d'un débit de 5,58 l/m.

Cascade, ruisseau, fontaines, jeux d'eau ; tout est réalisable. Les petites pompes de moins de 1 000 litres à l'heure sont tout à fait appropriées pour les projets intérieurs. Pensez à intégrer un éclairage submersible qui parfait l'aménagement.

Calcul du poids de l'eau pour les jardins intérieurs

Un bassin de 60 cm par 90 cm avec une profondeur de 30 cm contient un volume de 0,162 cm^3.

Un mètre cube d'eau contient 1 000 litres et un litre d'eau pèse 1 kilogramme.

Donc 0,162 cm^3 x 1 000 litres = 162 litres d'eau = 162 kilogrammes.

La luminosité intérieure : *N'est pas suffisante pour induire la croissance des plantes aquatiques, prévoyez un éclairage d'appoint au-dessus du plan d'eau.*

Humidité : *N'ayez aucune inquiétude, l'humidité dégagée par le jardin d'eau intérieur est minime et s'avère d'un bon apport pour le confort de la maison, surtout durant les mois de chauffage.*

L'entretien du jardin d'eau intérieur ressemble à celui qu'exige le jardin d'eau extérieur, les feuilles mortes et la neige en moins :

- Ajoutez de l'eau au besoin pour remédier à l'évaporation ;

- Fertilisez les plantes de mars à octobre.

- Taillez les feuillages jaunis ;

- Ajoutez des bactéries toutes les semaines ;

- Laissez fonctionner la pompe à air en permanence.

Le jardin humide ou le « bog »

Une plate-bande humide offre un complément des plus attrayants près du jardin d'eau. Elle rehausse de manière tout à fait inusitée et originale un coin un peu délaissé de la cour ou égaye un endroit ombragé.

Facile à réaliser et demandant peu d'entretien, elle permet d'introduire des plantes des lieux humides rares comme, par exemple, certaines variétés de fougères ou de plantes carnivores.

- Déterminez la dimension de la plate-bande.

- Creusez environ 30 cm.

- Installez une géomembrane pour l'imperméabilisation.

- Remplissez 25 cm du trou avec un mélange de 2/3 de bonne terre brune et 1/3 de mousse de tourbe.

- Pour les grands jardins humides, il est fort pratique d'installer un boyau perforé à environ 12 cm dans le substrat. Branchez-le au besoin. Assurez-vous que le sol est humide sans devenir détrempé.

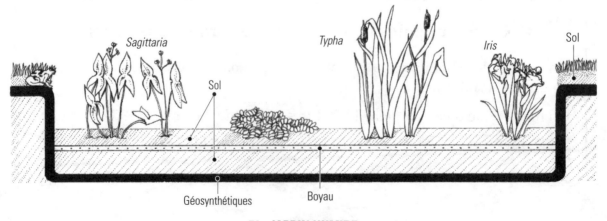

Sagittaria — *Typha* — *Iris* — Sol — Sol — Géosynthétiques — Boyau

51. JARDIN HUMIDE

- Faites les plantations et fertilisez votre jardin 2 ou 3 fois entre le mois de mai et le début du mois d'août.

- À l'automne, taillez le feuillage quand il est bien jauni et laissez-le hiberner tel quel.

Les ponts et les passages à gué

De tous styles et pour tous les goûts, les ponts, les ponceaux, les passages à gué et les pas japonais représentent un moyen de se rapprocher de l'eau, de la rendre plus accessible. Traverser un plan d'eau permet d'apprécier des points de vue différents par rapport à l'ensemble du jardin, en plus de procurer un élément décoratif supplémentaire.

Quelques conseils :

- Déposez plusieurs épaisseurs de géotextile au fond du bassin avant d'y mettre des pas japonais ou des roches pour un passage à gué ;

- Rapprochez suffisamment les pas en prévision de promenades aisées et agréables ;

- Les ponts doivent mesurer au moins 60 cm de largeur ;

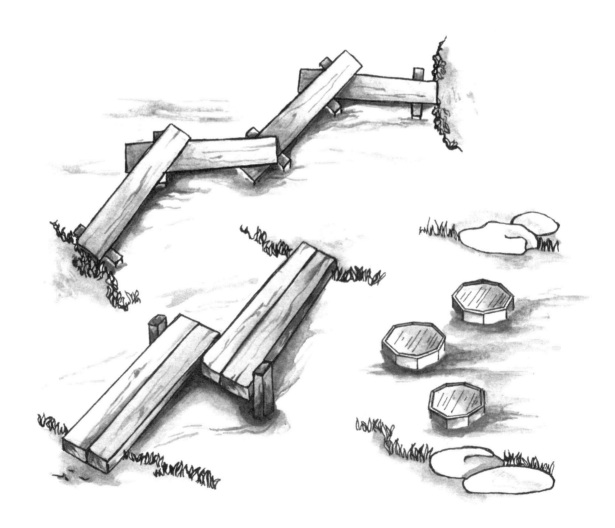

52. PONTS ET PASSAGES À GUÉ

- Placez des pierres à patio au fond du bassin afin d'y asseoir solidement les poteaux du pont sans danger de perforation des membranes ;

- Un pont légèrement plus long que le plan d'eau offre une assise solide et crée une impression visuelle de prolongement de l'aménagement ;

- Ancrez le pont à la terre ferme à l'aide de tiges d'acier enfoncées dans le sol ;

- D'un angle esthétique, pensez proportions et couleurs. Dans les jardins inspirés par la nature, les ponts devraient conserver un aspect rustique et discret.

L'éclairage

Pour créer de l'ambiance, rien de mieux que l'éclairage extérieur. Il vous permet de jouir de votre aménagement, tout au long de l'année. Vous en profitez lors des belles soirées d'été. En outre, vous étirez le plaisir grâce à la vue que vous en avez de l'intérieur de la maison. Été comme hiver, beau temps, mauvais temps, il y a de l'animation dans votre cour.

Quelques principes généraux à retenir :

- L'éclairage du jardin doit être inspiré de la nature ;

- Recherchez l'effet de pleine lune en installant les lampes dans les arbres au lieu de les placer à ras du sol. Le faisceau lumineux traversant les feuilles des arbres avive le décor ;

- L'effet de reflet de la lune produit une ambiance romantique.

Pour l'éclairage dans le bassin :

- L'éclairage submersible permet d'exploiter le mouvement de l'eau pour compléter l'aménagement ;

- Dirigez un faisceau lumineux vers la cascade et obtenez un effet spectaculaire ;

- Éclairez des plantes afin de mettre en valeur la particularité de certains feuillages ;

- Lors de la conception, prévoyez une scène intéressante pour accueillir le reflet de l'éclairage à l'extérieur du jardin d'eau.

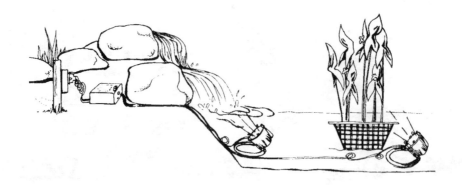

53. ÉCLAIRAGE SUBMERSIBLE

Chapitre 11

LES PLANTES

Ce sont les plantes qui vont transformer un simple bassin en jardin d'eau. Ces plantes se divisent en deux grandes catégories : les plantes aquatiques et les plantes des lieux humides.

L'herbier aquatique se compose de plantes submergées, de plantes flottantes et de plantes à feuilles flottantes. Les plantes des lieux humides sont celles qu'on retrouve au bord de l'eau (la roselière), dans les prairies humides, dans les zones riveraines et dans les marais.

Les quatre groupes de plantes et leur rôle

• Les **plantes submergées** sont **essentielles** à l'équilibre de l'eau. Comme leur nom l'indique, elles vivent complètement sous l'eau. Elles sont aussi appelées plantes oxygénantes, car le processus de photo-synthèse qui se fait durant le jour leur permet de libérer de l'oxygène dans l'eau. Ces plantes se nourrissent des minéraux qui sont dans l'eau, participant ainsi à la limi-tation des algues et à l'épuration de l'eau.

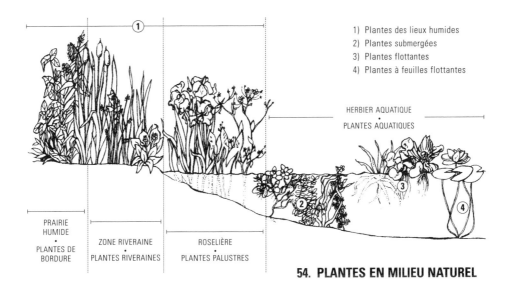

1) Plantes des lieux humides
2) Plantes submergées
3) Plantes flottantes
4) Plantes à feuilles flottantes

HERBIER AQUATIQUE
•
PLANTES AQUATIQUES

PRAIRIE HUMIDE
•
PLANTES DE BORDURE

ZONE RIVERAINE
•
PLANTES RIVERAINES

ROSELIÈRE
•
PLANTES PALUSTRES

54. PLANTES EN MILIEU NATUREL

On retrouve dans ce groupe les *ceratophyllum, eleocharis, elodea, myriophyllum, potamogeton, vallisneria.*

- Les **plantes flottantes** les plus intéressantes sont des annuelles. Elles sont peu coûteuses à l'achat et elles se reproduisent rapidement durant l'été. Ces plantes flottent à fleur d'eau au gré de leur fantaisie. Elles contribuent à l'équilibre de l'eau puisque leurs racines flottantes se nourrissent des minéraux contenus dans la colonne d'eau et que leur feuillage ombrage l'eau.

Ces deux actions s'avèrent très efficaces pour limiter les algues et lutter contre l'eau verte. On retrouve dans ce groupe les *eichhornia crassipes* (jacinthe d'eau), *hydrocharis morsus-ranae* (grenouillette), *lemna minor* (lentille d'eau), *pistia stratiotes* (laitue d'eau), *stratiotes aloides* (aloès d'eau).

- Les **plantes à feuilles flottantes** ont leurs racines bien plantées dans la terre. Leurs tiges s'allongent jusqu'à la surface pour porter les feuilles et leur floraison à fleur d'eau. Les plantes à feuilles flottantes, tout

Le rôle des quatre groupes de plantes

Groupes de plantes	Rôle
• Plantes submergées essentielles	– Elles favorisent l'oxygénation ; – Elles épurent leur milieu en se nourrissant des minéraux contenus dans la colonne d'eau ; – Elles sont utiles pour abriter les alevins ; – Elles supportent le zooplancton.
• Plantes flottantes	– Elles ombragent l'eau du bassin ; – Elles aident à la clarification de l'eau en se nourrissant des minéraux qui y sont contenus ; – Elles servent de couvert à la faune aquatique.
• Plantes à feuilles flottantes essentielles	– Elles ombragent l'eau du bassin et empêchent son réchauffement ; – Elles servent d'abri aux poissons.
• Plantes des lieux humides	– Elles jouent un rôle esthétique dans le bassin ; – Elles contribuent à ombrager l'eau ; – Elles servent aussi d'abri pour la faune.
• Plantes des lieux humides en marais filtrant	– Leurs racines supportent et oxygènent les bactéries épuratrices ; – Certaines sont particulièrement efficaces pour absorber le phosphore, pour détruire les coliformes et la salmonelle et d'autres accumulent les métaux lourds dans leurs tissus.

comme les plantes submergées, sont **essentielles** pour conserver la limpidité de l'eau. Les feuilles font de l'ombre sur l'eau et la gardent fraîche même durant les grandes chaleurs. La fraîcheur de l'eau permet de maintenir un bon taux d'oxygène. On retrouve dans ce groupe les *nymphaea* (nymphéa, nénuphar), qui comprennent plus d'une centaine de variétés rustiques et tropicales, les *nelumbo* ou lotus, les *aponogeton dystachyos* et les *nymphoides peltata* (faux-nymphéa à fleurs jaunes).

- Les **plantes des lieux humides** vivent les pieds dans l'eau, mais leur feuillage est complètement hors de l'eau. Ces plantes constituent un complément important dans l'aménagement d'un jardin. Vos propres goûts seront votre principal critère de sélection. Ces végétaux sont intéressants autant par la diversité de leur feuillage que pour leurs couleurs et leurs périodes de floraison variées. L'effet sera plus marqué si ces plantes sont plantées en massif. Elles

peuvent être mises dans des pots et être installées directement dans le jardin d'eau ou plantées dans des plates-bandes submergées. Plusieurs de ces plantes ont un potentiel épuratoire étonnant. On les utilise aussi en plate-bande filtrante[*] ou en marais filtrant. On retrouve dans ce groupe les acore, butome, *caltha*, iris, *lysimachia*, *phalaris*, sagittaire, quenouille, roseau, scirpe, etc.

Les plantes submergées

La plantation et l'implantation

Les **plantes submergées**, essentielles pour assurer la qualité de l'eau, sont vendues sous trois formes différentes, selon les variétés :

- Les bouquets : les *bacopa*, *elodea* et *myriophyllum* sont vendus en bouquets, chacun de ces bouquets comptant de 5 à 8 tiges ;

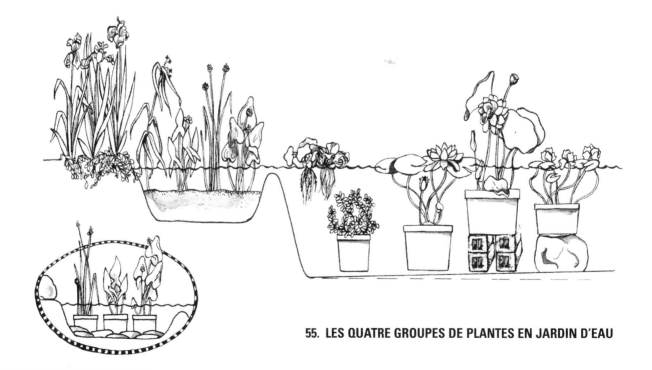

55. LES QUATRE GROUPES DE PLANTES EN JARDIN D'EAU

---

[*]   Pour connaître le rôle épuratoire des plantes, voir l'annexe sur les plantes.

- **Les tiges** : les plantes comme le *cera-tophyllum*, le *potamogeton*, la *sagittaria* et la *vallisneria* sont vendues à l'unité (1 unité = tige) ;

- **Les bulbes** : le *potamogeton*, la *vallisne-ria* et la *sagittaria* peuvent être ven-dues en bulbes.

Le ceratophyllum : *Attention ! Il ne se plante pas. C'est une plante sub-mergée qui flotte entre deux eaux.*

Eleocharis acicularis

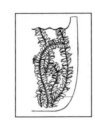

Elodea canadensis

Plantes submergées

Plantes submergées (pot)

Myriophyllum exalbescens

Valisneria americana

Substrat : Une bonne terre brune ou du gravier fin.

Contenant : Planter par tiges ou par bouquets : trois par pot de 10 à 12 cm ou 6 par pot de 18 à 20 cm.

Plantation : La majorité des plantes submergées ont peu de racines. Faites un trou pour chaque bouquet ou chaque tige dans la terre de plantation humide, enfoncez le tiers de la tige dans le substrat et refermez le trou en ramenant le sol autour de la tige. Pour les bulbes, on recouvrira celui-ci d'un peu de terre. Ajoutez des galets sur le sol de plantation pour maintenir le tout bien en place.

Implantation : Répartissez les pots un peu partout au fond du bassin. Immergez-les rapidement après la plantation, car ces plantes se dessèchent très rapidement vu la délicatesse de leurs feuilles.

Particularités : L'*elodea* et le *myriophyl-lum* sont particulièrement appréciés des poissons herbivores comme les carpes japo-naises. Voici quelques suggestions pour pro-téger ces plantes contre la voracité de ces prédateurs :

- Entourez le pot et le feuillage (sans recouvrir le dessus de ce dernier, pour éviter de couper la lumière) d'une moustiquaire en fibre de verre ;

- Implantez-les dans le bassin de récep-tion si celui-ci est suffisamment pro-fond, soit au moins 45 cm (voir le dessin 37, page 82) ;

- Choisissez des variétés non prisées par les poissons, comme la *valisneria* ou le *potamogeton*.

56. PROTECTION DES PLANTES SUBMERGÉES

Le myriophyllum est très enva-hissant. C'est pourquoi il n'est pas recommandé pour les grands étangs, où il serait difficile à contrôler.

L'entretien et l'hibernation

Les plantes submergées demandent peu d'entretien.

Fertilisation : Aucune fertilisation n'est requise puisque ces plantes utilisent leur feuillage pour se nourrir des minéraux contenus dans la colonne d'eau.

Contrôle : L'élodée et le myriophylle peuvent devenir envahissants. Leur étalement variera au cours de l'été selon la quantité de minéraux disponibles dans la colonne d'eau. L'envahissement se produit lorsque les eaux sont très riches en nutriments (il n'y a qu'à penser à ces lacs très pollués qui sont complètement envahis par ce type de plantes). Une fois que ces plantes ont assimilé le surplus de minéraux, le contrôle se fait de lui-même puisqu'elles n'ont plus de nourriture pour proliférer. Toutefois, les plantes submergées peuvent nuire aux plantes comme les nymphéas, et même les étouffer. Pour limiter leur expansion, on peut couper les bouquets avec des ciseaux et retirer les plantules qui se seraient établies dans les paniers des autres plantes aquatiques.

Division : Si l'on veut rafraîchir les plants après quelques années, on peut les diviser en coupant la motte en deux et en conservant les plus belles sections. On peut aussi multiplier l'élodée et le myriophylle par bouturage.

Hibernation : Taillez-les en septembre ou octobre, de façon à ne laisser qu'environ 5 cm de feuillage. Assurez-vous de les mettre à l'abri des poissons car ceux-ci pourraient s'en nourrir durant l'hiver ou les déraciner, ce qui compromettrait la repousse au printemps suivant. Ces plantes hiberneront sans problème dans le bassin, pourvu qu'elles soient recouvertes de 45 à 90 cm d'eau.

Les plantes flottantes

La plantation et l'implantation

Ce sont les plus faciles à cultiver !

Substrat : Aucun.

Contenant : Aucun.

Plantation : Elles flottent à la surface de l'eau.

Implantation : Pour obtenir un effet de massif, regroupez-les dans un anneau flottant ; sinon, le vent les éparpillera un peu partout, sans aucune notion d'esthétisme...

Vous pouvez fixer l'anneau avec un fil de nylon que vous lesterez pour éviter qu'il se déplace. Pour les variétés tropicales, attendez la dernière lune de mai avant de les introduire dans le jardin d'eau.

Pistia stratiotes (Laitue d'eau)

Eichornia crassipes (Jacinthe d'eau)

Particularités : Parmi les plantes flottantes les plus intéressantes, on retrouve les *eichornia crassipes* (jacinthe d'eau) et les *pistia stratiotes* (laitue d'eau). La jacinthe produit une jolie fleur de couleur lilas, par contre, les laitues d'eau ont une minuscule fleur blanche peu visible. Dans les conditions climatiques qui sont les nôtres, la floraison de ces variétés tropicales est sporadique, mais leur feuillage demeure attrayant toute la saison durant. Comme c'est le cas pour la laitue d'eau, la floraison des plantes flottantes rustiques est peu visible. L'intérêt de ces plantes réside dans leur feuillage, leur capacité ombrageante et leurs capacités filtrantes.

Laitue d'eau : Attention ! Malgré son nom, la laitue d'eau n'est pas comestible, elle est même toxique !

L'entretien et l'hibernation

Entretien des variétés tropicales : Aucun ; laissez-les flotter à la surface du bassin. Elles se multiplient à profusion. Leur croissance par stolons les rend très faciles à diviser. Si vous le désirez, enlevez les rejetons avec vos mains ou, plus simplement, laissez-les se multiplier sans vous en occuper.

Entretien des variétés rustiques : Aucun ; laissez-les flotter sans vous en préoccuper. La plupart de ces espèces se multiplient par stolons, comme leurs consœurs tropicales.

La lentille d'eau : Peut être très envahissante, mais c'est un régal pour les poissons. Certaines personnes en gardent toujours en réserve dans un plat de plastique placé au soleil où la lentille peut se multiplier à l'infini. Ainsi, elles ont toujours sous la main une bonne provision de ces gâteries qu'elles peuvent offrir à leurs poissons.

Fertilisation : Aucune.

Contrôle : Les plantes flottantes peuvent devenir envahissantes et nuire à l'équilibre du biotope, du fait qu'elles consomment trop d'oxygène. Un contrôle manuel évitera l'envahissement. Veillez à ce qu'au moins le tiers de la surface de l'eau soit exempt de tout feuillage.

Maladie : Les plantes flottantes ne sont pas sujettes aux maladies.

Hibernation pour les variétés tropicales : Elles bruniront après les premières gelées. Traitez-les alors comme des plantes annuelles et jetez-les sur le tas de compost. Ces plantes étant peu coûteuses à l'achat, vous pouvez vous en procurer quelques-unes à chaque début de saison.

Hibernation pour les variétés rustiques : Ces plantes hibernent au fond du bassin. Elles réapparaîtront à la surface du jardin d'eau en même temps qu'arrivera le temps chaud.

L'aloès d'eau (**stratiotes aloides**) *: Vit entre deux eaux. Durant certains étés particulièrement chauds, on verra apparaître leurs feuilles au-dessus de l'eau en juillet. Ne vous inquiétez pas si elles brunissent à l'automne car elles se préparent alors à hiverner. Elles reprendront leurs couleurs au printemps.*

N. x 'Arc-en-ciel'

N. x 'Charles de Meurville'

N. x 'Chromatella'

N. x 'Commanche'

N. x 'Gloire de Temple-sur-Lot'

N. x 'Pearl of the Pool'

57. NYMPHÉAS RUSTIQUES

Les plantes à feuilles flottantes

Les joyaux du jardin d'eau ! Spectaculaires et essentielles, ces plantes ont pour la plupart une floraison exceptionnelle. Les plus connues sont les nymphéas (*nymphaea*) rustiques et les nymphéas tropicaux ainsi que les lotus (*nelumbium*), tous de la famille des nymphéacées.

Chaque variété a ses particularités pour la floraison, les teintes, le développement, la profondeur de plantation et même le feuillage, qui se distingue d'un nymphéa à l'autre.

Les **nymphéas hybrides** ont une floraison quasi continue tout au long de l'été. Au Québec, on retrouve quelques variétés indigènes comme le *tuberosa* et l'*odorata*, qui produisent des fleurs blanches et quelquefois roses avec la variété *odorata*. Les variétés hybrides offrent un plus grand choix de couleurs de floraison (blanc, rose, rouge, jaune, saumoné et orangé) et elles ont la particularité de fleurir plus abondamment que nos variétés indigènes. Le feuillage varie d'un hybride à l'autre, chacun ayant ses propres caractéristiques. Certaines dégagent un léger parfum. Le développement et l'envergure que peuvent atteindre ces plantes varient d'un cultivar à l'autre, et chacune a ses exigences concernant la profondeur de plantation*. Tout comme les rosiers hybrides, de nouveaux cultivars de nymphéas arrivent sur le marché chaque année. Il nous viennent principalement des États-Unis. Les plus anciens, qui remontent aux années 1870, ont été créés en France par monsieur Latour-Marliac.

---

* Pour connaître le rôle épuratoire des plantes, voir l'annexe sur les plantes.

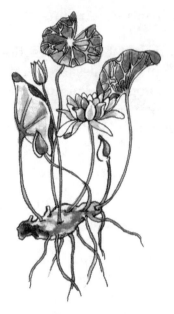

Nymphéa sans pot

La plantation et l'implantation

Les **cultivars rustiques** (jusqu'en zone 3) fleurissent de juin à septembre, quelquefois jusqu'en octobre. Chaque fleur s'ouvre le matin pour se refermer en fin de journée, et ce, pendant environ cinq jours. À la cinquième journée, le bouton floral s'enfonce graduellement sous l'eau. Un même plant peut offrir plusieurs fleurs à la fois et ne présenter aucune floraison pendant quelques jours.

Substrat : Une bonne terre brune, du sol arable, de la terre à jardin (*heavy top soil*). Évitez la terre noire ; elle flotte et se décompose au contact de l'eau, et elle donne une coloration noire à cette dernière.

Pour mettre le substrat à l'abri des poissons fouisseurs, nous vous proposons deux techniques :

- Ajoutez des galets sur le sol. Attention cependant à ne pas enterrer la couronne de croissance de la plante !

- Installez une broche assez rigide (carreaux de 3 cm) sur le dessus du pot. Cette méthode a l'avantage de ne pas entraver la croissance de la plante.

Contenant : Toujours un seul nymphéa par contenant. Retenez que plus le contenant est grand, meilleur sera le développement de la plante. On trouve des « paniers » de plantation sur le marché. Ce sont des contenants ajourés qui retiennent la terre, mais laissent passer les racines pour une meilleure croissance. Pour les nymphéas miniatures, on utilise des paniers de 24 cm ; pour les nymphéas à moyen et à grand développement, on choisira des paniers de 30 cm ou de 40 cm.

Dans les grands jardins d'eau ayant une profondeur de 75 cm et plus, le bac de plantation de 20 l constituera un choix judicieux car son grand format offre des conditions de croissances idéales.

Quelques définitions de termes de plantes

Terme	Définition adaptée au cas des jardins d'eau
• Indigène	Se dit d'une plante originaire de la région où elle vit. Pour nous, ce sera une plante qui pousse à l'état sauvage dans nos lacs ou nos rivières.
• Rustique	Se dit d'une plante capable de supporter des conditions de vie difficiles, comme celles associées à nos hivers québécois.
• Tropicale	Relatif au climat tropical ; ces plantes ne supportent pas nos hivers.
• Annuelle	Plante qui ne dure qu'une saison.
• Vivace	Plante qui vit plus d'un an grâce à son système végétatif. Les vivaces ne sont pas toutes rustiques. Pensez aux rosiers qui ont besoin d'une protection hivernale au Québec.
• Hybride ou cultivar	Croisement entre deux variétés d'une même espèce ; toute variété végétale résultant d'une sélection, d'une mutation ou d'une hybridation. Pour notre propos, disons qu'il s'agit d'une plante issue d'un croisement entre deux variétés, réalisé par des spécialistes. Il existe donc des hybrides ou des cultivars rustiques et d'autres qui sont tropicaux.

Plantation : Remplissez le contenant de substrat et mouillez-le avant d'y insérer le plant. Couchez le tubercule de nymphéa selon un angle de 45°, afin d'orienter les jeunes tiges à la verticale. Recouvrez de terre en laissant le collet de croissance à découvert. Le feuillage sèche rapidement ; il faut donc l'arroser souvent pendant les travaux de plantation. Recouvrez vos plantes de papier journal humide et conservez-les à l'ombre si vous ne pouvez pas les mettre à l'eau immédiatement.

Attention aux maux de dos ! Ces pots remplis de terre mouillée sont très lourds à manipuler.

58. PLANTATION DU NYMPHÉA RUSTIQUE

Après qu'ils auront passé quelques jours sous l'eau, allez vérifier si la couronne de croissance de vos plants n'est pas recouverte de terre, auquel cas la plante pourrirait. Tirez alors légèrement sur le tubercule pour le dégager.

Si on désire une reprise plus rapide des nymphéas, il faut couper le feuillage et les fleurs au moment de la transplantation, en ne laissant que deux ou trois jeunes feuilles. L'énergie de la plante se concentrera ainsi sur les racines, le temps qu'elle s'acclimate.

Implantation : On calcule la profondeur d'implantation en mesurant le niveau d'eau au-dessus du contenant. Les nymphéas sont déposés directement au fond du bassin. Les paniers de plantation disponibles sur le marché ont une hauteur de 30 cm, ce qui laisse entre 30 cm et 45 cm d'eau par-dessus le contenant dans un jardin d'eau d'une profondeur de 60 à 75 cm. Seules les variétés miniatures préfèrent une épaisseur d'eau de 15 cm par-dessus leur pot.

Descendez les pots lentement sous l'eau, pour éviter que la terre ne brouille l'eau. Les contenants de nymphéas seront déposés à plat au fond du bassin. Regroupez-les par 2 ou par 3, pour mieux camoufler les pots avec le feuillage et aussi pour produire un effet de massif. Si vous devez surélever les contenants pour respecter les niveaux de profondeur, utilisez des briques, des pavés imbriqués style « pavé-uni » ou un pot à l'envers. Évitez les blocs de béton, qui dégagent des matières toxiques pour les poissons.

Particularités : Pour des conditions optimales de croissance et de floraison, retenez les points suivants :

- Les nymphéas ont besoin d'au moins 5 à 6 heures d'ensoleillement par jour ;

- Ils doivent être installés dans une eau calme. Il faut donc éviter que le feuillage soit arrosé par la cascade ou la fontaine ;

- Le collet de croissance doit être dégagé en tout temps. Vérifiez-le lors de la plantation, puis quelques jours plus tard quand la terre se sera tassée, et, finalement, à chaque printemps ;

• Pour accélérer la reprise des jeunes plants, on peut installer les pots de nymphéas à 10 ou 15 cm sous la surface de l'eau (en plaçant un bac sous la plante, par exemple) et les déposer dans le fond du bassin en juin.

L'entretien et l'hibernation

Les nouvelles feuilles naissent sous l'eau. Elles sont alors enroulées sur elles-mêmes. Elles ont souvent une coloration rougeâtre lorsqu'elles apparaissent à la surface de l'étang. Certains nymphéas, plus particulièrement ceux portant des fleurs jaunes, conservent de belles taches pourpres sur leur feuillage tout au long de leur croissance. Chaque feuille de nymphéa vit entre 2 et 3 semaines. Il est donc normal que, sur un plant sain, les feuilles jaunissent et brunissent à tour de rôle. Les fleurs ont une durée de vie d'environ cinq jours.

Une fois par mois, on pourra profiter de la séance de fertilisation mensuelle pour enlever les feuilles jaunies et les tiges qui ont terminé leur floraison. Coupez les tiges mortes près de la couronne de croissance. Ne tirez pas dessus ; une coupure nette faite à l'aide des ciseaux ou des ongles empêche les infections fongiques. Éliminez seulement les feuilles jaunies ou très abîmées. Conservez le plus de feuilles possible pour un bon ombrage de la surface de l'eau.

L'utilisation des paniers de plantation permet aux racines de poursuivre leur croissance et de s'alimenter directement dans l'eau du bassin. On les coupera

59. FLEUR DE NYMPHÉA

Le nymphéa : Respire par les stomates, qui sont situés sous les feuilles. Si cette partie de la plante est envahie par les algues, les sédimentations et les œufs d'insectes, essuyez-la à l'aide d'un chiffon doux.

seulement si elles perdent leur coloration blanche et qu'elles semblent être recouvertes d'un film brunâtre, ce qui pourrait les étouffer et les empêcher de se nourrir adéquatement.

Fertilisation : Pour obtenir une floraison abondante, il faut fertiliser régulièrement. Des pastilles de fertilisant conçues pour les plantes aquatiques et faciles à manipuler sont disponibles sur le marché. À l'aide d'un instrument tel qu'un manche de tournevis, faites quatre trous d'environ 10 cm de profondeur dans le sol, à environ 5 cm de la racine. Insérez une pastille de fertilisant dans chaque orifice. Refermez le trou sans plus attendre, pour éviter que se dissolve la pastille dans l'eau. Avec la plupart des fertilisants spécifiques pour la floraison, quatre applications sont recommandées : en mai, en juin, en juillet et au début du mois d'août.

Il faut éviter d'utiliser des fertilisants de type poudre d'os, fumier ou tout autre matériel semblable, à cause des mauvaises odeurs dégagées lors de leur décomposition sous l'eau et aussi parce qu'ils risquent de brouiller l'eau et de servir de nutriments aux algues.

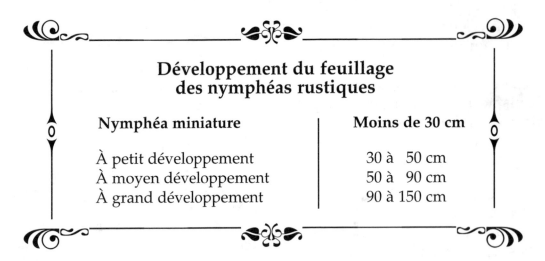

Développement du feuillage des nymphéas rustiques	
Nymphéa miniature	Moins de 30 cm
À petit développement	30 à 50 cm
À moyen développement	50 à 90 cm
À grand développement	90 à 150 cm

Contrôle : Les plants de nymphéas ne sont pas envahissants. Choisissez des variétés adaptées à la grandeur de votre plan d'eau. L'envergure ou le développement du feuillage varie selon la variété choisie. La notion d'envergure fait référence au diamètre qu'un plant peut atteindre à maturité, dans de bonnes conditions de croissance.

Division : Des feuilles qui poussent les unes sur les autres, une floraison moins abondante, un brunissement rapide du feuillage, un tubercule devenu trop gros pour son contenant, tout cela indique qu'il est temps de diviser le plant. Habituellement, les nymphéas en panier doivent être divisés aux 3 ou 4 ans tandis que les nymphéas plantés en grand bac peuvent être divisés aux 4 ou 5 ans.

Si vous apportez les plantes à notre pépinière, nous ferons le travail pour vous et nous

60. DIVISION DU NYMPHÉA

créditerons les rejetons. Si vous choisissez de faire le travail vous-même, voici les étapes à suivre :

- Découpez le panier de plantation et rincez la motte sous l'eau afin de bien voir les tubercules ;

- À l'aide d'un couteau propre, sectionnez les plantules avec leurs racines ; chaque rejeton doit être complet. Laissez sur le tubercule-mère les plants de moins de 5 cm qui survivraient difficilement à une transplantation ;

- Si certaines parties du tubercule semblent en mauvais état, manque de fermeté ou mauvaise odeur, découpez-les et jetez-les. Désinfectez votre couteau pour éviter les infections fongiques ;

- Transplantez les plants dans des contenants séparés en suivant les indications de plantation mentionnées ci-dessus.

Ajoutez un fertilisant qui favorisera la croissance des racines (teneur élevée en K). Fertilisez au bout d'un mois pour la floraison.

La floraison sera moins abondante durant l'année où a eu lieu la transplantation, puisque l'énergie de la plante s'est alors concentrée sur l'enracinement.

La division des nymphéas peut se faire à compter du mois d'avril mais pas plus tard qu'au mois d'août, pour laisser à la plante le temps de faire ses réserves avant l'hiver. Évitez de diviser tous les plants la même année ; ainsi, vous aurez une floraison abondante à chaque saison.

Maladies : Les nymphéas sont sujets à certaines maladies fongiques, la plus grave étant la « pourriture du collet ». Cette maladie est « contagieuse », de sorte qu'elle peut détruire toute votre collection de nymphéas en quelques semaines.

Les symptômes de la « pourriture du collet » :

- Le bouton floral pourrit avant d'atteindre la surface de l'eau ;

- Les feuilles et les tiges deviennent molles et noircissent à partir du bas vers le haut ;

- Une odeur fétide se dégage et le tubercule se décompose au toucher ;

- Plus le champignon fait ses ravages, plus le plant perd de sa vigueur ; les nouvelles feuilles jaunissent en quelques jours.

Les causes de la « pourriture du collet » : Les conditions de stress tels le transport, la transplantation et la division, des changements brusques de température comme lorsqu'on ajoute **fréquemment** de **grandes quantités** d'eau froide dans le bassin, un manque de fertilisation et un manque d'ensoleillement.

Les soins :

- Retirez immédiatement tous les nymphéas de l'eau. Traitez les plants en santé, à titre préventif ;

- Pour sauver les plants malades, dépotez le plant, enlevez la terre en le passant sous un jet d'eau puissant ; taillez les rejetons en santé et jetez les sections affectées. Débarrassez-vous de toutes les feuilles et tiges malades ; désinfectez vos outils de travail chaque fois que vous travaillez sur un nouveau plant ;

- Dans un bac, versez une solution de 5 gouttes de fongicide systémique par gallon d'eau et laissez tremper les rejetons dans ce bac pendant 24 heures ;

- Préparez une solution identique pour les nymphéas qui sont sains. Laissez tremper les plants en pot, dans un bac, pendant 3 jours, pour que le fongicide soit absorbé par tout le système de la plante. Assurez-vous que tout le feuillage est immergé dans la solution.

Idéalement, vous devriez profiter de ces trois jours de traitement pour changer une partie de l'eau dans le bassin. Un tiers de l'eau pourra ainsi être changé quotidiennement.

Une autre maladie fongique peut attaquer les nymphéas. C'est la « tache noire », qui s'apparente à certaines maladies affectant les rosiers ou certaines autres vivaces.

Les symptômes de la « tache noire » : Cette maladie est causée par un champignon qui est envahi par une bactérie saprophyte. Celle-ci affecte les bordures des feuilles qui brunissent et s'assèchent. Les tiges se détachent lorsqu'on tire légèrement dessus.

Les causes de la « tache noire » : Aussi étonnant que cela puisse paraître, la grande responsable est l'humidité ! L'humidité de l'air et le manque d'ensoleillement associés aux journées pluvieuses, comme durant certains printemps québécois. Le manque d'oxygène dans l'eau est un facteur déterminant dans l'apparition de la maladie. Aussi, des changements brusques de la température de l'eau et des attaques sévères d'insectes, tels les pucerons, peuvent être parmi les causes de ces champignons qui attaquent les nymphéas.

Les soins :

- Il faut traiter tous les nymphéas, sans exception ;

- Coupez toutes les tiges des feuilles en décomposition ; ne laissez que les jeunes feuilles qui ne montrent aucun signe de maladie. Détruisez les feuilles malades ;

- Faites tremper les plantes et leur pot, durant 3 jours dans un bac, en utilisant la même solution que pour le traitement de la « pourriture du collet ». Traitez le champignon avec un fongicide, et la bactérie qui se nourrit du champignon disparaîtra du même coup ;

- Profitez-en pour changer une partie de l'eau, à raison de un tiers du volume d'eau par jour.

Hibernation : Les nymphéas rustiques (hybrides et indigènes) restent en place dans le jardin d'eau pendant l'hiver. Une épaisseur minimale de 30 cm d'eau par-dessus les contenants est recommandée. De façon générale, les paniers de plantation ont une hauteur de 30 cm. Si l'on ajoute cette dimension à l'épaisseur d'eau recommandée, le fond des contenants se retrouvera au moins à 60 cm sous l'eau, ce qui est amplement suffisant pour l'hibernation. Vers la fin du mois d'octobre, vous pouvez couper le feuillage jauni ou bruni. Déplacez les plants vers la partie la plus profonde du jardin d'eau, si nécessaire.

Les nymphéas tropicaux

Les cultivars de **nymphéas tropicaux** se divisent en deux catégories : les nymphéas à floraison diurne et les nymphéas à floraison nocturne.

N. x 'Janice C. Wood'

N. x 'Leopardess'

N. x 'Albert de Lestang'

61. NYMPHÉAS TROPICAUX

Comme leur nom l'indique, les **tropicaux diurnes** ouvrent leurs fleurs le matin et les referment en fin de journée. C'est parmi ceux-ci que l'on retrouve des plantes à fleurs bleues, lilas ou mauves, en plus des jaunes, des roses et des rouges.

Les **nymphéas nocturnes** ouvrent leurs fleurs en fin de journée, quand la luminosité du soleil faiblit, pour les refermer au petit matin. Ces variétés sont très prisées par les gens qui travaillent de 9 à 5... Toutefois, ces plantes sont très exigeantes quant aux conditions de chaleur et d'ensoleillement, ce que certains étés québécois ne peuvent leur garantir ! Il n'en demeure pas moins que les cultivars tropicaux nocturnes ou diurnes sont très spectaculaires.

La plantation et l'implantation

Substrat : Une bonne terre brune, comme pour les variétés rustiques.

Contenant : Les cultivars tropicaux n'ont pas les mêmes exigences que les variétés rustiques. Un contenant fermé de 20 à 25 cm fera l'affaire. Il n'est pas nécessaire d'utiliser les paniers de plantation ajourés.

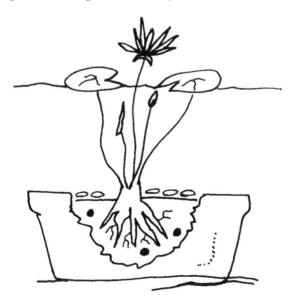

62. PLANTATION D'UN NYMPHÉA TROPICAL

Plantation : Remplissez le contenant de substrat et mouillez celui-ci avant d'y insérer le plant. Placez le rhizome bien droit, en respectant l'orientation des tiges. Recouvrez de terre en laissant le collet de croissance bien à découvert. Ajoutez des galets ou une broche sur le dessus du pot pour protéger les plantes contre les poissons fouisseurs. Après quelques jours dans le jardin d'eau, vérifiez si le collet est toujours à découvert. Sinon, tirez légèrement pour le dégager.

Implantation : Ces plantes aiment la chaleur et le soleil. La profondeur optimale sera d'environ 20 cm d'eau par-dessus la couronne de croissance. Utilisez des briques ou un pot à l'envers pour les surélever. Attendez le début de juin pour les installer dans le jardin d'eau.

Tous les nymphéas (rustiques et tropicaux) : Aiment l'eau calme. Pour éviter que la plante ne pourrisse, veillez à ce qu'elle ne soit pas éclaboussée par des gouttes d'eau en provenance d'une cascade ou d'un jet d'eau.

Les nymphéas tropicaux sont très intéressants dans un jardin d'eau intérieur, puisqu'ils fleurissent pendant plusieurs mois lorsqu'on leur offre un éclairage d'appoint. Malgré une période de dormance hivernale, ils conservent leur feuillage tout au long de l'année.

L'entretien et l'hibernation

L'entretien, la fertilisation et les soins à apporter aux nymphéas tropicaux sont les mêmes que pour les nymphéas rustiques.

Hibernation : Il n'est pas facile de faire hiberner les variétés tropicales. Voici, à ce sujet, quelques méthodes qui ont été glanées ici et là au cours des années et qui ont remporté des succès divers. Aucune de ces méthodes n'est assortie d'une garantie. Prenez note que la préparation pour la protection hivernale doit se faire en octobre.

• Rincez le tubercule, coupez le feuillage et les racines blanches, enterrez-les dans du sable que vous conserverez humide dans un sac de plastique fermé hermétiquement. Placez-le tout au frais, dans le tiroir à légumes du frigo ou dans une chambre froide. Si le sable est trop humide, il y a danger de moisissure ; s'il n'est pas assez humide, il y a danger d'assèchement. Rempotez la plante en mars ou en avril. Conservez-la à l'intérieur dans un bac d'eau et fertilisez. Le cycle de végétation reprendra, de sorte que vous pourrez placer votre nymphéa dans le jardin d'eau, au mois de juin.

• Conservez les plantes empotées dans un bassin intérieur à plus de 7 °C, avec un minimum de clarté. Laissez fonctionner une petite pompe à air pour une meilleure qualité de l'eau. La plante sera en dormance, avec très peu de feuillage. Mais dès que les journées allongeront et que la température de l'eau se réchauffera, le cycle de végétation reprendra. Vous pourrez placer la plante dans le jardin d'eau au mois de juin.

• En théorie, il devrait être possible de conserver un nymphéa tropical dans un bassin extérieur, en le plaçant à plus de 90 cm de profondeur puisque la température, dans le fond du bassin, demeure près de 2 ou 3 °C, donc à l'abri du gel. On conseille de nettoyer le tubercule, de couper le feuillage et l'excédent de racines puis d'enterrer le

tubercule dans un pot rempli de gravier fin (comme dans les aquariums). Allez chercher le tubercule au printemps, rempotez-le, conservez-le au chaud à l'intérieur, en plein soleil, dans un bac rempli d'eau. En juin, vous pourrez placer la plante dans le jardin d'eau.

Plusieurs personnes traitent leur nymphéa tropical comme une annuelle : elles en profitent durant la saison estivale et jettent la plante au compost, une fois l'hiver venu.

Le lotus

La vedette sans conteste de la famille des nymphéacées est le lotus (*nelumbium nucifera*) – le *nelumbo* de son nom cinghalais. Exigeant et capricieux, le *nelumbo* demeure une plante exceptionnelle à laquelle on voue un attachement particulier.

En Asie : *Le lotus pousse comme les quenouilles. Les racines de lotus sont très prisées dans la cuisine asiatique. Ses feuilles servent d'enveloppe pour faire cuire différents mets et ses graines (amande) sont consommées lorsqu'elles sont encore vertes.*

La plantation et l'implantation

Substrat : Une bonne terre brune (*heavy top soil*). Une vieille technique suggère l'ajout de fumier de vache bien décomposé pour amender le sol. L'inconvénient de cette méthode est que le fumier sert aussi de nourriture aux algues. C'est pourquoi on préférera fertiliser avec des pastilles conçues à cet effet.

Contenant : Rond et le plus grand possible, soit un bac (sans trou) d'au moins 40 cm de diamètre. Rond, pour faire tourner le rhizome sur lui-même et éviter qu'il ne meure coincé dans un coin. Sans trou, parce que le rhizome sortirait alors du bac et continuerait sa croissance sans support ni substrat, pour finalement dépérir.

Nelumbo

Plantation : Remplissez le contenant de substrat jusqu'à environ 10 cm du bord. Mouillez le sol pour lui permettre de se tasser. Creusez un lit et déposez-y le tubercule à l'horizontale, les pointes de croissance tournées vers le haut. Recouvrez de 5 cm de sable, en laissant les pointes de croissance à découvert. Ajoutez des galets ou une broche de protection s'il y a des poissons dans le bassin.

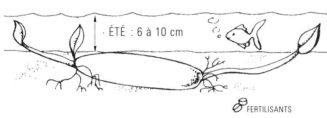

ÉTÉ : 6 à 10 cm

FERTILISANTS

Implantation : Pour l'été, placez le lotus dans le jardin d'eau ou dans un cache-pot décoratif sur la terrasse ou le balcon, avec 6 à 10 cm d'eau par-dessus le contenant, pour favoriser la croissance et la floraison.

Particularités : Le lotus aime l'eau chaude et le soleil. Il exige un été chaud pour bien fleurir. Les premiers signes de végétation apparaissent vers la mi-avril ; les premières feuilles s'étaleront à fleur d'eau à la fin du mois de mai ; les feuilles aériennes se déploieront en juin, et la floraison pourra débuter à la mi-juillet pour se poursuivre jusqu'en septembre. Les feuilles resteront vertes jusqu'aux premiers gels. Les fleurs du lotus s'élèvent au-dessus de l'eau, au-delà des feuilles aériennes. Après 3 à 5 jours, les fleurs perdent leurs pétales. Il reste le « cœur de lotus » avec ses semences ; on le laisse en place, car il est très décoratif. Vous pouvez aussi faire sécher les « cœurs de lotus » et les utiliser dans les aménagements de fleurs séchées.

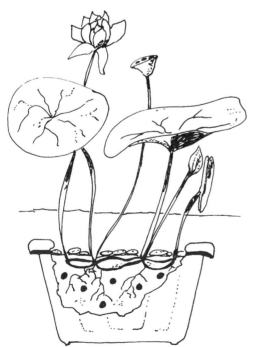

63. RACINE DE LOTUS, PLANTATION ET PROFONDEUR POUR L'ÉTÉ

Le lotus bleu de Tintin ! C'est, comme Tintin, le pur produit d'une imagination fertile. D'un point de vue « botanico-historique », ce que l'on a appelé le « lotus bleu du Nil », une fleur vénérée par les anciennes civilisations égyptiennes, était en réalité un nymphéa tropical à floraison bleue. Consolez-vous ! Les fleurs de lotus sont tellement spectaculaires que Tintin peut dormir tranquille ; on ne lui enviera pas son lotus bleu. La floraison des nelumbos nous offre le blanc, le jaune, le rose, le rouge, et même quelques nouveaux hybrides aux fleurs lilas.

Egypte

L'entretien et l'hibernation

Une fois adapté à son nouvel environnement, le lotus fera votre fierté avec son feuillage et sa floraison hors du commun.

Fertilisation : Comme pour les nymphéas, nous suggérons une fertilisation mensuelle pour accroître la floraison. Utilisez le même type de fertilisant, en doublant la dose que vous donnez aux nymphéas, et insérez de la même façon dans le sol de plantation.

Contrôle : Le développement des lotus est limité par le mode de plantation en bac fermé. En tournant sur lui-même dans son pot rond, le rhizome donne une impression de massif des plus spectaculaires.

Division : Après 3 ou 4 ans, il devient nécessaire de diviser le plant pour lui donner une nouvelle vigueur. La division se fait au printemps, avant le début du cycle de végétation. Tournez le pot à l'envers et, à l'aide d'un jet d'eau vigoureux, dégagez le rhizome. Attention ! C'est fragile comme de la porcelaine. Les parties saines sont fermes, de couleur jaune ou blanchâtre. Pour de meilleures chances de reprise, laissez au moins 3 nœuds entre les sections que vous coupez. Plantez les rhizomes en suivant les conseils qui viennent d'être donnés. (Voir le dessin 64, *Racine de lotus, plantation et profondeur pour l'été*, page 124.)

Floraison du lotus : Le lotus fleurira seulement 3 ou 4 fois durant l'année de la transplantation. Par la suite, il pourra offrir des dizaines de fleurs par été.

Hibernation : Les lotus sont rustiques jusqu'en zone 5. Une excellente façon de contourner cette fragilité consiste à entrer simplement le pot de lotus dans la maison. Laissez la plante dans son contenant étanche, placez-la près d'une fenêtre, en veillant à ce qu'il y ait toujours au moins 4 cm d'eau sur le dessus du pot.

Durant sa période de dormance, de novembre à mars, le lotus peut très bien supporter des températures allant de 7 à 22 °C.

L'important, c'est qu'il ne gèle pas, qu'il ne manque pas d'eau et qu'il y jouisse d'une luminosité se rapprochant du cycle circadien. La végétation va reprendre au printemps. Commencez à fertiliser en avril et, à la fin du mois de mai, installez la plante dans le jardin d'eau. Un des grands avantages à conserver cette plante à l'intérieur, est qu'elle gagne presque un mois d'avance sur les plants conservés dans le bassin.

L'autre façon de faire hiberner le lotus consiste à le déplacer dans une zone ayant 90 cm de profondeur dans le jardin d'eau.

Avec les années, nous nous sommes rendus compte que la difficulté, avec le lotus, n'est pas de lui faire passer l'hiver chez nous, mais bien de le faire passer au travers du printemps québécois. Au printemps, le lotus reçoit deux messages contradictoires : l'été s'en vient puisque les journées allongent, mais la chaleur n'est pas au rendez-vous… La racine sort de sa dormance et, frileuse, elle hésite à remonter à la surface. De sorte qu'elle pourrit donc bêtement au fond du pot en mai…

Hibernation des lotus : Les lotus sont lents à se préparer pour l'hiver. Peu importe la méthode d'hibernation choisie, il ne faut pas couper ni le feuillage ni les tiges, qu'elles soient vertes, brunes ou jaunes. Laissez la sève redescendre vers le rhizome jusqu'en décembre ou, mieux encore, attendez au printemps suivant pour effectuer la taille.

Si aucune végétation n'apparaît à la surface du pot vers la fin d'avril, sortez le pot du jardin d'eau. Tournez-le à l'envers et avec un puissant jet d'eau, dégagez le rhizome. Jetez les parties des racines qui sont molles et noirâtres. Conservez les parties saines (avec 3 nœuds), puis suivez toutes les étapes de la division et de la plantation. Remettez ensuite le contenant dans le bassin sous 10 cm d'eau pour le reste de la saison. Fertilisez généreusement.

Avec **les autres plantes à feuilles flottantes** comme l'*aponogeton* et les *nymphoides*, on peut utiliser des paniers de plantation ou des pots réguliers. Ces plantes étant très petites, le contenant ne devrait pas dépasser 20 cm. Pour la plantation, utilisez de la bonne terre brune recouverte de galets. Installez vos plantes dans des zones peu profondes, à seulement 15 cm de profondeur sous l'eau.

Nymphoides peltata

Aponogeton

Les plantes des lieux humides

Les **plantes des lieux humides** seront choisies en fonction de différents facteurs :

- Leur rôle esthétique : on considérera donc le feuillage, la hauteur de la plante, la floraison, etc. ;

- Les besoins spécifiques de la plante, tels l'ensoleillement, la zone de rusticité, la profondeur de la plantation ;

- Son rôle épuratoire quand elle est utilisée en marais filtrant (vous retrouverez l'ensemble de ces informations en annexe 5).

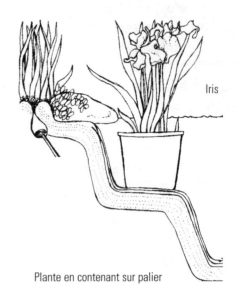

Iris

Plante en contenant sur palier

La plantation et l'implantation

Substrat : Toujours le même substrat, peu importe la technique de plantation, soit de la bonne terre brune.

La plantation en contenant : Pour une plantation faite directement dans le bassin, nous allons vous servir une vérité de La Palice : le format de la plante détermine le format du contenant… Dans un petit bassin, il faut préférer les paniers ajourés (divers formats sont offerts sur le marché). Pour la plantation dans un grand jardin d'eau, optez pour des grands contenants de couleur noire, plus faciles à camoufler que les contenants de couleur vive. Ainsi, vous pourrez créer des plantations en massif, ce qui est recommandé pour obtenir un meilleur impact visuel. Travaillez comme pour l'ensemble des vivaces. Remplissez le contenant en utilisant le substrat recommandé, mouillez-le pour que le sol se tasse, et plantez. Tassez le sol autour du collet. Recouvrez de galets ou de broches si le bassin contient des poissons.

Implantation : Déposez les contenants sur les paliers prévus à cet effet. On peut regrouper les plantes selon le niveau d'eau qu'elles peuvent supporter par-dessus leur collet ; les plantes palustres : profondeur de 5 à 30 cm ; les plantes riveraines : profondeur de 0 à 5 cm, puis les plantes de bordure qui préfèrent l'humidité plutôt que d'avoir les pieds directement dans l'eau.

Plantation et implantation en plate-bande submergée : Pour faciliter la plantation, baissez de quelques centimètres le niveau de l'eau. Toujours le même conseil : plantez en massif et regroupez plusieurs plantes de la même variété pour donner de l'impact à votre aménagement.

Plantation et implantation en marais filtrant : Humidifiez le sol, faites un trou à l'aide d'un transplantoir ou avec la main, piquez un plant à tous les 15 cm, en quinconce (une variété par zone). Faites votre choix de plantes en vous servant de la liste présentée à l'annexe 5.

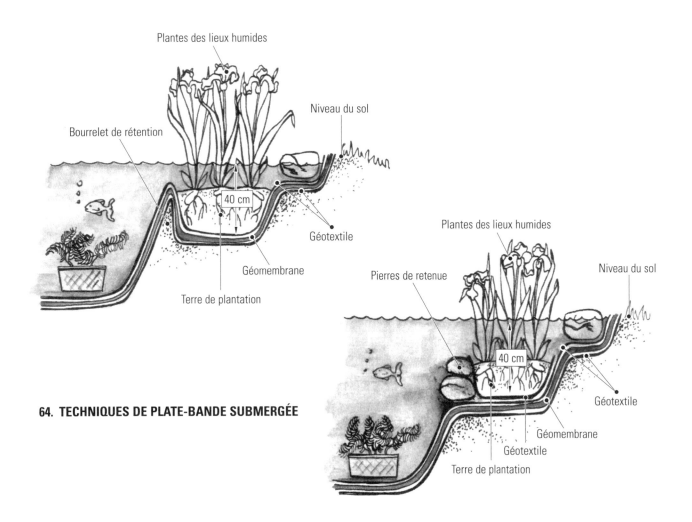

Plantes des lieux humides

Niveau du sol

Bourrelet de rétention

40 cm

Géotextile

Géomembrane

Terre de plantation

Plantes des lieux humides

Niveau du sol

Pierres de retenue

40 cm

Géotextile

Géomembrane

Géotextile

Terre de plantation

64. TECHNIQUES DE PLATE-BANDE SUBMERGÉE

L'entretien et l'hibernation

Ces plantes sont peu exigeantes, tant pour la fertilisation que pour l'entretien en général.

Fertilisation : Les plantes placées en contenants et celles faisant partie d'une plate-bande submergée seront fertilisées lors de la transplantation avec une formulation qui accélérera la reprise. On les fertilisera ensuite en mai et en juillet. Utilisez le même fertilisant que pour les nymphéas, mais avec un dosage réduit de moitié.

En principe, les plantes des marais filtrants ne devraient pas avoir besoin d'un apport supplémentaire de nutriments. Cependant, après quelques années, il peut arriver qu'elles montrent des signes de carence. Il faut alors fertiliser avec les mêmes pastilles que pour les nymphéas. Insérez une pastille à tous les 15 cm de largeur et à tous les 15 cm de longueur, deux fois par saison.

Contrôle : Quelques plantes rampantes peuvent être envahissantes, tels la menthe d'eau (excellente en infusion ou en sauce pour l'agneau) et le myosotis palustre. Ces plantes sont tout indiquées pour camoufler les bordures. Elles croissent aussi bien les pieds dans l'eau qu'en milieu humide ou au milieu des roches de la cascade ou du ruisseau. Un contrôle manuel peut être fait sans problème. Veillez tout de même à ce que ces plantes ne s'implantent pas en milieu terrestre, car vous risqueriez alors de ne plus pouvoir les contrôler.

Aucune des autres plantes n'est réellement envahissante ; il faut cependant procéder à des divisions aux deux ou trois ans pour rajeunir les massifs.

En marais filtrant, des séparations doivent être faites entre les diverses variétés de plantes, car certaines, plus agressives, pourraient en étouffer d'autres. Utilisez des planches de bois ou des bordures de plastique que vous enfoncerez dans le sol de plantation pour délimiter les zones de chaque espèce.

Division : La division devient nécessaire quand les plantes montrent des signes de ralentissement de leur croissance, lorsque leur floraison est moins abondante ou lorsqu'il est temps de rajeunir les plates-bandes. La division des mottes se fait au printemps, entre avril et juin. Évitez de surdiviser : votre aménagement perdrait de sa maturité et les rejetons seraient perdus. Pour les plates-bandes submergées, baissez le niveau de l'eau et remplacez 15 cm de substrat avant de faire de nouvelles plantations.

Pour garder une plate-bande de marais filtrant sous contrôle et conserver un bel aménagement, il faut éclaircir les rangs.

Maladies : Ces plantes sont peu sujettes aux maladies. Les pertes que peuvent subir les plantes des lieux humides sont habituellement dues à un problème de profondeur d'eau au-dessus du collet : la plante est asphyxiée parce qu'elle est implantée au mauvais endroit, ou trop profondément sous l'eau. Lisez attentivement les recommandations des pépiniéristes pour vous guider dans vos choix.

Hibernation : Vers la fin d'octobre ou en novembre, taillez le feuillage jauni des plantes des lieux humides.

Déplacez les plantes en contenant vers la partie la plus profonde du bassin. Replacez-le au printemps sur les paliers prévus à cet effet. Il existe des gants qui montent jusqu'à l'épaule et qui permettent de travailler dans l'eau froide sans trop d'inconfort.

65. JARDIN D'EAU SOUS LA NEIGE

Hibernation des plantes : Les plantes sont prêtes à hiberner quand le feuillage est jauni ; c'est le signal qu'il n'y a plus d'activité de photosynthèse et que la sève est emmagasinée dans les racines pour l'hiver. Il faut donc attendre que le feuillage soit bien jaune avant de le tailler. Il est préférable de placer les plants au plus profond du bassin avec leur feuillage encore vert plutôt que de les tailler trop tôt. Si vous désirez fermer le jardin d'eau assez tôt en automne, reportez la taille du feuillage au printemps suivant.

Les plantes de la plate-bande submergée ainsi que celles du marais filtrant resteront en place pour l'hiver, et elles hiberneront telles quelles.

Les parasites

Heureusement, la liste des parasites en milieu aquatique n'est pas trop longue. Malgré cela, seules les plantes submergées sont épargnées par les insectes nuisibles comme le puceron, la mineuse et le « coupe-nénuphar ».

Les **pucerons** sont des insectes suceurs d'environ 3 mm de long. L'espèce qui s'attaque aux plantes aquatiques est généralement noire. Les femelles ailées viennent pondre leurs œufs sur le feuillage, de sorte qu'une nouvelle génération sans ailes reste prisonnière du jardin d'eau, où elle trouve tout ce qu'il lui faut pour se reproduire en grand nombre et rapidement. Le temps chaud et humide de juillet et août leur est particulièrement favorable.

Apparence : Des petits points noirs qui se déplacent et qui recouvrent graduellement les feuilles ? Aucune hésitation, c'est une invasion de pucerons !

Dégâts : Le puceron suce la sève des feuilles les plus tendres des nymphéas, certains feront leur délice des tiges de lotus et d'*acorus* et ils s'attaqueront aussi aux *eichhornia* (jacinthe d'eau) et aux *pistia* (laitue d'eau). Les dégâts se manifestent rapidement : les feuilles jaunissent et une attaque massive peut même faire mourir le plant.

Contrôle : Agissez dès l'apparition des premiers pucerons. Coupez les feuilles jaunies et nettoyez les feuilles et les tiges qui n'ont pas encore été abîmées à l'aide d'un chiffon doux. Pendant les jours qui suivent, utilisez le tuyau d'arrosage et allez-y d'un jet vigoureux pour déloger les petits nouveaux qui tenteraient de coloniser le feuillage. Certains se noieront et les poissons s'en régaleront, mais d'autres plus rapides réussiront à remonter sur les feuilles. Répétez ces opérations jusqu'à l'élimination complète des pucerons.

La coccinelle est un des prédateurs naturels du puceron. Malheureusement, vous ne pouvez compter sur elle, le milieu aquatique n'ayant aucun attrait pour ces petites bestioles.

Soyez vigilant et traitez toutes les plantes terrestres de votre aménagement. Celles-ci sont les hôtes naturels des femelles ailées qui viennent pondre sur le feuillage des plantes aquatiques.

La **mineuse** (*chironomus* et *cricoptopus*) est une larve suceuse qui perce des galeries dans les tiges et les feuilles. La femelle ailée (moucheron) vient pondre ses œufs dans l'eau et, lors de l'éclosion, les larves nagent jusqu'aux feuilles de nymphéas où elles trouvent refuge et nourriture.

Apparence : Un minuscule ver de couleur beige ou verdâtre difficile à voir, et ce sont les dégâts causés au limbe des feuilles qui nous permettent de le détecter.

Dégâts : Pour se nourrir, les mineuses creusent des sillons dans les feuilles. Elles peuvent aussi attaquer les tiges et se rendre jusqu'aux racines des nymphéas. Ces tunnels laissent un tracé brunâtre sur la surface des feuilles.

Contrôle : Coupez et jetez les feuilles atteintes. Le seul traitement efficace demeure une application de B.t. (*bacillus thuringiensis*). Retirez du bassin les plantes affectées et vaporisez le produit directement sur le feuillage et les tiges. Recouvrez le feuillage de papier journal humide pour éviter le dessèchement et laissez agir le B.t. pendant 2 ou 3 heures avant de remettre les plantes à l'eau.

Applications de B.t. : Il est préférable de faire les applications de B.t. en dehors du bassin. Ce bacille, même s'il n'est pas toxique pour les poissons, peut causer des dommages aux invertébrés du milieu aquatique.

Le **coupe-nénuphar** ou **nymphula** (*nymphula nymphaeata*) est une larve qui se nourrit des débris des plantes aquatiques. Le papillon femelle dépose ses œufs sur les feuilles flottantes. Cette larve de mite utilise les feuilles de nymphéa comme cocon.

Apparence : Des petits bouts de feuille (moins de 1 cm) flottent à la surface de l'eau ou se fixent sous les feuilles ou sur les tiges. Lorsqu'on ouvre le cocon formé de deux

parties de feuille, on découvre une petite chenille verdâtre. C'est la responsable des dégâts.

Dégâts : Des trous bien nets, principalement sur le pourtour des feuilles. Cette larve « croque » l'extrémité des feuilles pour se fabriquer un esquif qui lui permettra de flotter d'une plante à l'autre. Une invasion importante peut venir à bout de toutes les feuilles de nymphéas en quelques semaines.

Contrôle : Le meilleur contrôle est le contrôle manuel. Dès les premiers signes d'infestation, retirez les « cocons » qui flottent, inspectez le dessous des feuilles et les tiges et débarrassez-vous de ces larves qui se cachent entre deux débris de feuille.

Comme vous pouvez le constater, aucun pesticide biologique ou chimique n'a été recommandé (à l'exception du B.t.) puisque la vie dans le bassin serait mise en péril par l'utilisation de tels produits. Une infestation massive et impossible à maîtriser peut survenir, par exemple au retour de vacances d'une durée de 2 à 3 semaines. Si vous constatez alors que le contrôle manuel, dans le cas du coupe-nénuphar, ou l'arrosage à l'eau, dans le cas des pucerons, est inopérant, il vous faudra utiliser certains savons insecticides (pour les pucerons) et certains pesticides systémiques (pour la mineuse, le coupe-nénuphar) ; mais allez-y avec une grande prudence. Aucun traitement ne doit être fait directement dans l'eau du bassin. Retirez les plantes envahies par les parasites, coupez le feuillage affecté et vaporisez le produit sur les feuilles, les tiges et le sol. Recouvrez les plantes à l'aide de papier journal que vous humidifierez régulièrement. Laissez agir le produit pendant quelques heures, rincez les plants à l'eau tiède et vérifiez si les insectes sont bien morts avant de réintroduire les plantes dans le jardin d'eau.

La cueillette en milieu naturel : Elle n'est pas conseillée. Il y a un danger, d'une part, d'introduire des parasites et des maladies que le jardin d'eau ne sera pas en mesure d'affronter et, d'autre part, il y a risque de déséquilibrer le milieu humide d'où sont retirées ces plantes.

Le ratio de plantes pour un biotope équilibré

Ce ratio s'applique à tous les jardins d'eau même à ceux qui n'ont ni cascade ni ruisseau. Dans tous les cas, en plus des plantes, une application régulière de bactéries est nécessaire à la qualité de l'eau. Le marais filtrant et la pompe à air seront des aides à considérer en présence de poissons et dans les situations où les algues ont tendance à proliférer malgré le respect du ratio de plantes.

Pour le marais filtrant, comptez dix plantes par mètre carré de surface du marais, en plus du ratio de base.

Ratio de plantes pour tous les jardins d'eau

Groupes de plantes	Rôle	moins de 10 m²	10 m² et 15 m²	15 m² et plus
Plantes submergées	Essentiel	4 par m²	3 par m²	2 par m²
Nymphéas	Essentiel	1 par 2 m²	1 par 2 m²	1 par 2 m²
Plantes flottantes	Facultatif	2 par 1,5 m²	2 par 2 m²	2 par 2,5 m²
Plantes des lieux humides	Au goût	12 à 24	24 à 36	36 et plus

Chapitre 12

LES POISSONS ORNEMENTAUX

Ils ne jappent pas, ils ne font pas peur aux enfants, ils ne perdent pas leurs poils. Ils sont colorés, tout à la fois calmes et pleins de vie. Ils s'apprivoisent facilement, ils sont peu exigeants et, de plus, ils « animent » le jardin d'eau.

Saviez-vous que des poissons rouges (*Carassius auratus*) peuvent vivre facilement plus de dix ans... et il paraîtrait même que certaines carpes japonaises (*Cyprinus carpio*) sont plus que sexagénaires... ?

Saviez-vous que ces poissons peuvent passer l'hiver, au Québec, dans un bassin de 60 à 90 cm de profondeur... ?

Saviez-vous que ces charmantes petites bêtes apprennent à vous reconnaître et qu'elles viennent manger « dans votre main »... ?

66. KOIS, CARASSIN ET SHUBUNKIN

Ils sont tout simplement fascinants et tellement attachants. Sans rien connaître aux poissons en général et aux poissons ornementaux en particulier, il est très facile de se laisser apprivoiser par cette faune aquatique. On utilise le vocable de poissons ornementaux pour désigner les poissons d'eau froide pour l'étang et pour le jardin aquatique (pond fish). Les poissons ornementaux sont surtout connus sous leur nom anglais : kois, comet, gold fish, golden orfe, silver rudd, lionhead, black moor, etc. Comme toute manipulation génétique affaiblit la résistance aux maladies, certaines variétés de poissons ont tellement été modifiées dans le but d'obtenir une forme spéciale, des couleurs particulières, etc., qu'elles n'ont pas la résistance nécessaire pour survivre en milieu aquatique extérieur et affronter les parasites ainsi que la rigueur de nos hivers.

Les carpes japonaises (kois) et certaines variétés de carassins sont idéales pour nos bassins. Ces poissons détiennent toutes les qualités que l'on recherche pour la vie en jardin aquatique : couleur, grâce, vivacité, longévité et résistance. Les carassins et les kois cohabitent très bien.

Les kois ou nishiki-goi (*cyprinus carpio*)

On retrouve mention de ces poissons aussi loin qu'au VIe siècle de notre ère. À l'origine, ces carpes viennent d'Asie centrale et elles se sont répandues au cours des siècles, en Europe, en Chine, en Russie et même en Amérique. L'espèce sauvage, une carpe de couleur foncée, est toujours consommée un peu partout dans le monde. Certains historiens mentionnent l'apparition des premières carpes colorées (rouges ou grises) en Chine où elles sont devenues un symbole porte-bonheur dans le *Feng Shui*. C'est vers le milieu du XIXe siècle que les Japonais ont

entrepris l'élevage de ces spécimens colorés. Ils ont réussi à placer cet élevage au rang de l'art en créant des variétés pigmentaires homologuées. Depuis quelques décennies, cet élevage piscicole se développe entre autres en Israël et aux États-Unis.

Les plus intéressants parmi les poissons ornementaux sont les carpes colorées connues sous le nom de carpes japonaises, de nishiki-goi ou simplement de kois.

Distinction des kois : *Des barbillons de chaque côté de la gueule des kois permettent de les distinguer facilement des autres variétés de poissons ornementaux.*

67. KOIS

Ils se classent par catégorie : qualité *Décorative*, qualité *Sélection*, qualité *Exhibition* et finalement, qualité *Champion*. Les Amateurs, avec un grand A, sont passionnés par les qualités *Exhibition* et *Champion*. À titre d'information, mentionnons que lors de compétitions, les prix dans ces catégories varient entre plusieurs centaines et quelques milliers de dollars.

Rassurez-vous, on retrouve des nishiki-goi de toute beauté dans les catégories *Décorative* et *Sélection* à des prix très abordables. Dans ces deux catégories, le prix est déterminé à partir de la longueur (en pouces ou en centimètres) du poisson.

Dans de bonnes conditions, l'espérance de vie des kois oscille entre 20 et 60 ans. En Amérique du Nord, ces carpes peuvent atteindre jusqu'à 60 cm (2 pieds) de long. Bien qu'en se sentant à l'aise dans des bassins de 60 cm à 90 cm, les nishiki-goi s'y reproduisent rarement.

Mâle ou femelle : *Les kois parviennent à leur maturité sexuelle vers l'âge de deux ans quand ils atteignent environ 40 cm. La femelle a un ventre plus rebondi tandis que le mâle jouit d'une ligne... effilée. La nageoire pectorale de ce dernier est plus longue que celle de la femelle. L'œil de l'expert s'y retrouve ; pour les néophytes, ce n'est pas évident.*

Les carassins (*carassius auratus*)

Les carassins ou poissons rouges, qui ne sont pas tous rouges d'ailleurs, forment le second groupe de poissons ornementaux intéressants pour les jardins aquatiques

extérieurs. On les classifie en trois catégories : le métallique, le nacré et le mat, selon le reflet des écailles. Les Chinois ont été les premiers à instaurer des variétés à partir du carassin commun qui, à l'état sauvage, est de couleur brune aux reflets dorés, d'où probablement son nom anglais de « gold fish ». On retrouve le carassin commun avec une teinte uniforme de rouge, d'orangé ou d'argenté dans la catégorie métallique. Le carassin « comète », rouge, orangé ou rosé, fait aussi partie de la catégorie des métalliques. Il possède cependant des nageoires plus longues que la variété commune. Les « saraza » se distinguent par leur pigmentation blanche qui transparaît à travers le rouge ou l'orangé. Finalement, se classent dans la catégorie des nacrés ou des mats, le « shubunkin », celui de Londres marbré de rouge, de rose et de brun sur fond bleu ainsi que le « shubunkin de Bristol » aux mêmes couleurs, mais muni d'une nageoire caudale plus longue et ondoyante.

Ces variétés sont résistantes aux maladies et aux parasites. Elles peuvent hiberner dans le bassin extérieur. De plus, elles sont capables de se reproduire dans un environnement aquatique variant entre 60 cm et 90 cm de profondeur. D'autres variétés comme la tête de lion, le calico à queue d'éventail, l'oranda, le « black moor » sont réservées aux jardins d'eau intérieurs ou aux aquariums.

68. CARASSIN

135

Les poissons rouges : Ne vous étonnez pas de retrouver à l'occasion des petits carassins noirs, bruns ou légèrement dorés dans votre jardin d'eau. Il arrive que les gènes de pigmentation des parents ne se soient pas transmis à leur progéniture et que l'atavisme de la couleur reprenne le dessus.

Acclimatation : Laissez les poissons s'acclimater. À cause du stress du transport, attendez 48 heures avant de les nourrir.

Le transport et l'acclimatation

Lors de l'achat, les poissons sont emballés dans un sac de polyéthylène, avec juste suffisamment d'eau pour les recouvrir entièrement. De l'oxygène est ajouté avant de fermer le sac hermétiquement. Le sac est placé dans une boîte de carton pour éviter le ballottement et les risques de blessures durant le transport. Ainsi emballés, les poissons peuvent voyager pendant près de 24 heures. Avisez le vendeur si vous devez effectuer un long trajet (plus de 2 heures de route). Lors de journées très chaudes, il ajoutera de la glace sous le sac afin d'empêcher un réchauffement excessif de l'eau. Installez les boîtes renfermant les poissons à l'endroit le plus frais dans la voiture, c'est-à-dire au pied de la banquette arrière.

Une fois rendu à la maison, placez le sac fermé dans le jardin d'eau. Laissez-le flotter, recouvert d'un papier journal qui ombrage, environ une heure, afin de stabiliser la température de l'eau dans le sac. Ensuite, ouvrez le sac de transport, ajoutez-y 500 ml d'eau du bassin à intervalle de cinq minutes, jusqu'à ce qu'il se remplisse d'eau, puis libérez les poissons dans l'étang.

Il peut s'écouler près d'une semaine avant que les nouveaux arrivants commencent à se montrer le bout du nez. Donnez-leur un peu de temps pour s'habituer à leur nouvel environnement.

Pour les apprivoiser, adoptez un rituel. Rendez-vous à l'étang toujours vers la même heure, au même endroit. Certaines personnes parlent à voix haute, d'autres tapent dans les mains ou frappent doucement sur un petit rocher. Les poissons reconnaissent vite votre façon de faire. Ils s'approchent alors tout frétillants pour vous saluer et s'alimenter.

Le milieu de vie

Le jardin aquatique, bien planifié et bien planté, est le milieu de vie idéal pour les poissons ornementaux. Les feuilles de nymphéa offrent un bon refuge pour ces derniers lors des grandes chaleurs de juillet. Les insectes et le plancton leur procurent un menu équilibré.

69. ABRI POUR POISSONS

En lieu sûr : Les parois abruptes du jardin d'eau protègent les poissons des attaques des prédateurs, tels les hérons, les chats, les ratons laveurs, etc. Ceux-ci pourraient profiter d'un haut-fond en bordure, d'une plage ou d'un palier pour tenter d'attraper les poissons qui s'approchent des berges du bassin. Prévoyez des abris, comme un pot renversé ou des roches superposées, pour que les poissons puissent y trouver refuge en cas d'attaque.

Les recommandations qui suivent sont adaptées dans l'optique de satisfaire les besoins des poissons tout en tenant compte des conditions habituelles des jardins d'eau. Ces informations ne s'appliquent pas aux conditions d'élevage.

Contrairement à l'aquarium où le ratio de la quantité de poissons est une équation entre le volume d'eau et la grandeur des poissons, le jardin d'eau doit être pensé selon la surface du bassin qui, à toutes fins pratiques, en constitue le « poumon ». La

Qualité : L'idée d'acheter une grande quantité de petits poissons de deuxième qualité, de les jeter dans le bassin et de se dire que les plus forts survivront, va à l'encontre des besoins de base des poissons. En situation de stress, les poissons produisent encore plus d'ammoniaque et ils déséquilibrent d'autant leur milieu de vie. Le meilleur conseil est d'acheter des poissons de bonne qualité, de les introduire à raison de 2 ou 3 à la fois et de les laisser s'acclimater pendant 2 ou 3 semaines avant d'en inviter d'autres à élire domicile dans le jardin.

quantité de poissons est déterminée par la dimension, en prenant pour acquis qu'un jardin d'eau standard a une profondeur variant entre 60 cm et 90 cm.

L'ammoniaque est le pire ennemi des poissons. Savez-vous qu'un koi de 30 cm produit plus de 75 mg d'ammoniaque par jour. Un poisson de 30 cm produit la même quantité d'ammoniaque que 12 kois de 15 cm

Recommandations de ratio pour les poissons en jardin d'eau

Une règle simple en jardin d'eau régulier consiste à ne pas surcharger le biotope.

Pour avoir des poissons en santé, sans problème, il faut éviter la surpopulation.

1 carassin par m² de surface de bassin et 1 koi par 2,5 m².

Par exemple, dans un jardin d'eau de 10 m² :

- 4 kois **ou** 10 carassins.
- 2 kois **et** 4 carassins.

et un seul koi de 60 cm produira autant d'ammoniaque que 10 kois de 30 cm. Impressionnant, n'est-ce pas ? Le ratio proposé dans le tableau précédent est établi pour des carpes japonaises de 45 cm et moins et pour des carassins de moins de 15 cm.

Le stress relié à une qualité d'eau médiocre affaiblit les poissons, puis les rend vulnérables aux maladies et aux parasites. Les poissons exigent une qualité d'eau impeccable pour rester en bonne santé. L'équilibre du biotope se modifie avec l'ajout de poissons. Leur présence constitue une source supplémentaire d'ammoniaque, de minéraux et de sédiments. Il faut donc tenir compte des besoins plus grands en oxygène et en épuration pour garantir des conditions de vie optimale.

Une recette quasi infaillible qui engendre un milieu de vie adéquat et qui évite des complications est d'assurer aux poissons :

- Une nitrification efficace grâce à l'action des bactéries (voir le cycle de l'azote, dessin 6, page 34) ;

- Une eau bien filtrée grâce à l'ajout d'un marais filtrant ;

- Une source d'oxygène supplémentaire avec l'installation d'une pompe à air ;

- Le respect du ratio de population calculé selon la surface du plan d'eau.

Protégez notre milieu naturel : Les conditions requises à la réalisation de jardins d'eau sont peu propices à la reproduction des carpes japonaises. Par contre, les carassins sont excessivement prolifiques, même en jardin d'eau miniatures. Attention à la surpopulation ! Mais encore plus important : attention à l'environnement !

Ne relâchez jamais, au grand jamais, des kois ou des poissons rouges dans des ruisseaux, des lacs ou des rivières. Avec leur capacité d'hiberner sous notre climat, ces espèces se reproduisent et réussissent à coloniser les cours d'eau au point de faire périr les truites, les brochets et autres poissons indigènes. Il ne s'agit pas d'une histoire de pêche que nous vous relatons, mais d'un danger réel !

Offrez vos surplus de poissons à l'animalerie du coin, à votre fournisseur de jardin d'eau, à vos amis avec cette même mise en garde sur la préservation de l'environnement !

L'alimentation

La famille des cyprinidés, dont font partie les carassins et les kois, est omnivore. Les poissons rouges sont plutôt insectivores ; ils se nourrissent d'insectes et de larves aquatiques qui s'établissent dans le bassin. Ils peuvent même collaborer au contrôle des pucerons qui s'attaquent aux feuilles des nymphéas. Les kois sont plutôt herbivores ; ils aident au contrôle des plantes submergées qui peuvent devenir envahissantes. Les lentilles d'eau (*lemna*) sont un régal pour les poissons de bassin. Le phytoplancton et le zooplancton contenus dans la colonne d'eau complètent leur diète. Donc, vous pouvez partir en vacances sans vous inquiéter de leur bien-être puisque le jardin d'eau est autosuffisant et le garde-manger bien garni.

On peut incorporer à l'alimentation des poissons de la nourriture en bâtonnets flottants, ce qui favorise leur croissance et avive leurs couleurs. On procède de la façon suivante : on lance une poignée de nourriture ; tout doit être mangé au cours des 5 minutes qui suivent. On retire le surplus ou on en rajoute si tout a été dévoré en quelques secondes. Ne vous laissez pas attendrir, car ils sont insatiables. Respectez la règle des 5 minutes et suivez le tableau ci-dessous qui vous guidera par rapport à la fréquence.

Les fabricants de nourriture pour poissons ont mis au point diverses formules qui répondent aux besoins particuliers de croissance et de pigmentation. Elles sont adaptées aux différentes températures de l'eau durant la saison d'alimentation. Les protéines sont un élément essentiel à considérer dans le choix de nourriture. Lors des périodes plus fraîches, optez pour un taux de protéines plutôt bas. Pendant les périodes chaudes où l'activité atteint son comble, préférez un taux de protéines élevé. Recherchez la nourriture à base végétale (soya, germe de blé) plus facilement digestible pour les poissons. Des feuilles de salade ou d'épinard sont toujours appréciées. En plus d'apporter une variation dans le menu, elles permettent de démarrer la saison d'alimentation tout en douceur en ménageant le système digestif des poissons qui a fonctionné au ralenti durant l'hiver. Il existe aussi sur le marché des vitamines que l'on peut ajouter pour fortifier les poissons en début de saison et à l'automne pour les préparer pour l'hiver.

Qualité de la nourriture : *Choisissez de la nourriture spécifiquement conçue pour les kois et les carassins. Ces variétés ornementales digèrent difficilement les moulées pour truites ou autres poissons, produits qui les affaiblissent et qui sont source de complications à plus ou moins long terme.*

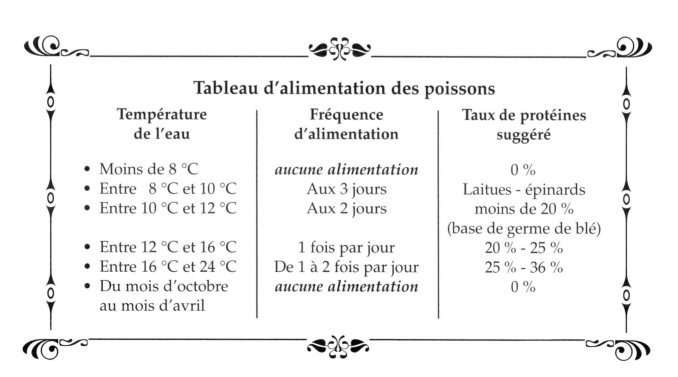

Tableau d'alimentation des poissons

Température de l'eau	Fréquence d'alimentation	Taux de protéines suggéré
• Moins de 8 °C	*aucune alimentation*	0 %
• Entre 8 °C et 10 °C	Aux 3 jours	Laitues - épinards
• Entre 10 °C et 12 °C	Aux 2 jours	moins de 20 % (base de germe de blé)
• Entre 12 °C et 16 °C	1 fois par jour	20 % - 25 %
• Entre 16 °C et 24 °C	De 1 à 2 fois par jour	25 % - 36 %
• Du mois d'octobre au mois d'avril	*aucune alimentation*	0 %

Comme la digestion de nourriture exige un bon taux d'oxygène dans l'eau, évitez de nourrir vos poissons si la pompe à air ne fonctionne pas. Au début et à la fin de la saison, les variations de température sont suffisamment importantes pour influer sur la digestion. Ne nourrissez pas vos poissons le soir lorsque les soirées sont fraîches, leur métabolisme ralentit légèrement de même que leur processus de digestion.

L'hibernation

À l'automne, quand la température de l'eau diminue, les poissons d'eau froide commencent à ralentir leurs activités. Le processus d'hibernation permet aux poissons de passer l'hiver en toute quiétude sous la glace, sans nourriture, sans presque aucun mouvement et en respirant à peine. Avant tout, la qualité de l'eau ! Un bassin propre devient un élément essentiel à la survie et à la santé des poissons durant l'hiver.

- De septembre à novembre, ajoutez les bactéries spécifiques qui éliminent la couche de sédiments, tout en continuant d'utiliser des bactéries nitrifiantes.

- En octobre, placez un filet à la surface du jardin d'eau dans le but d'éviter que les feuilles des arbres aillent se décomposer dans le fond de l'eau. Les feuilles en décomposition sont dangereusement toxiques pour les poissons. Chaque semaine, retirez les feuilles tombées sur le filet en secouant celui-ci à l'écart du plan d'eau.

- Retirez le feuillage jauni de vos plantes aquatiques.

- Quand l'eau atteint une température d'environ 8 à 9 °C, terminez l'alimentation des poissons avec des feuilles de laitue ou d'épinard hachées pendant une semaine ou deux.

- Révisez le ratio de poissons et maintenez la population à son plus bas pour des conditions favorables d'hibernation. Le volume d'eau disponible durant l'hiver diminue autant que la glace s'épaissit et le cycle de nitrification est ralenti par l'eau froide.

- Installez la pompe à air avec le cône de protection pour le déglaçage de l'étang comme suggéré au chapitre des pompes pour l'oxygénation (voir le dessin 45, page 90).

Coloration noire : Attention ! Si l'eau prend une coloration noire, il y a un danger grave d'intoxication pour les poissons. Agissez rapidement ! Videz exceptionnellement la moitié de l'eau de l'étang et, à l'aide d'une épuisette, nettoyez le fond du bassin. Les feuilles en décomposition donnent cette coloration noire à l'eau. Remettez de la nouvelle eau, puis continuez le changement partiel de l'eau après le ménage, à raison d'un tiers aux trois jours jusqu'à l'obtention d'une eau claire.

En hiver, deux dangers guettent les poissons : se prendre dans la glace et manquer d'air. La pompe à air, qui permet de déglacer une partie de la surface de l'étang, leur évite de tels accidents. Le léger mouvement créé par les bulles, à la surface du bassin, empêche la glace de se former à cet endroit et favorise ainsi un échange d'air entre le bassin et l'air ambiant. La couche de glace à la surface dépasse rarement 15 cm. De plus, l'eau au fond du bassin conserve une température d'environ 2 ou 3 °C tout au long de l'hiver, lorsqu'elle n'est pas remuée. Les poissons se regroupent autour de la pompe et hibernent ainsi en toute sécurité, même dans un bassin de 60 cm de profond.

Brrr... Comment conserver une température au-dessus du degré de congélation pour les poissons dans le fond du jardin d'eau ? Débranchez les pompes à eau dès novembre et placez les diffuseurs d'air près de la surface afin d'éviter le mélange de l'eau plus froide en surface avec celle plus chaude au fond de l'étang.

Si, pour une raison ou une autre, la glace en vient à se refermer complètement, il est urgent d'agir. Une ouverture de 5 cm est suffisante. Ne tentez pas de briser la couche de glace. Des coups même légers à sa surface peuvent tuer les poissons à cause de l'effet des ondes de choc. Utilisez de l'eau bouillante pour percer la glace et remettez le système à air en marche le plus rapidement possible.

On peut aussi placer les poissons en aquarium à l'intérieur pour l'hiver. Calculez 1 cm de longueur de poissons par 2 litres d'eau. Remplissez l'aquarium avec l'eau du jardin d'eau. Un bon système de filtration est nécessaire ainsi qu'un diffuseur d'air. Ne chauffez pas l'eau. Idéalement, conservez l'aquarium dans un endroit très frais, la température de l'eau ne dépassant pas 5 à 7 °C. Le métabolisme des poissons est au ralenti. Ne les nourrissez pas, ils hiberneront en toute sécurité. Faites un changement partiel de l'eau (1/3) une fois aux deux semaines. Au printemps, remettez-les dans le bassin quand la température de l'eau atteint la même température que celle de l'aquarium. Procédez de la même façon que lors de l'introduction des nouveaux poissons dans l'étang. L'important est d'éviter les écarts brusques de température. Mentionnons les deux inconvénients majeurs de cette façon de faire, soit le stress infligé aux poissons lors de leur capture et l'obligation de vider le jardin d'eau pour être en mesure de les attraper.

Les maladies et les parasites

De l'oxygène, une eau bien épurée par les plantes aquatiques, une bioaugmentation adéquate et le respect du ratio de poissons

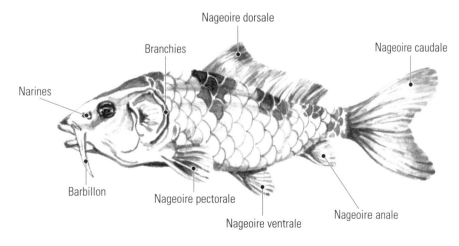

70. ANATOMIE DU KOI

selon la surface sont les conditions qui assurent une bonne santé aux poissons. Les bactéries, les virus, les champignons et les parasites qui peuvent attaquer les poissons sont naturellement présents dans la colonne d'eau ou à l'état latent dans le système des poissons. Des conditions de vie adéquates vont permettre aux poissons de résister aux attaques des maladies et des parasites. Le stress causé par un milieu inapproprié est la cause principale de leur vulnérabilité aux infections. Les champignons attaquent la peau des poissons blessés ou affaiblis. L'intoxication non contrôlée mène à la mort en quelques semaines.

Si, malgré toutes vos précautions, des symptômes d'affaiblissement apparaissent, la première chose à faire, dans presque tous les cas, est d'effectuer des changements partiels de l'eau, à raison de un tiers aux trois jours pendant deux semaines.

La manipulation : *Le corps des poissons est enduit d'une couche de mucus qui les protège des maladies et des parasites. Utilisez toujours une épuisette pour manipuler les poissons : le contact avec les mains élimine cette couche protectrice et rend les poissons vulnérables aux infections.*

Dès l'apparition des premiers symptômes, à l'aide d'une épuisette, retirez le poisson malade du bassin et traitez-le dans un bac muni d'un diffuseur d'air. Certains traitements peuvent s'appliquer directement dans l'eau du bassin. Depuis quelques années, plusieurs compagnies ont développé une gamme complète de produits médicamentés pour soigner les poissons malades. Établissez un bon diagnostic et vous trouverez le bon produit.

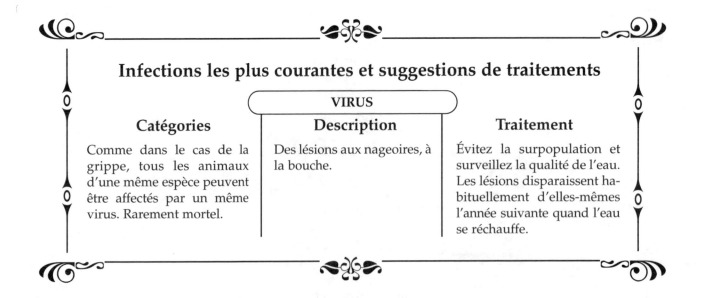

Infections les plus courantes et suggestions de traitements

VIRUS

Catégories	Description	Traitement
Comme dans le cas de la grippe, tous les animaux d'une même espèce peuvent être affectés par un même virus. Rarement mortel.	Des lésions aux nageoires, à la bouche.	Évitez la surpopulation et surveillez la qualité de l'eau. Les lésions disparaissent habituellement d'elles-mêmes l'année suivante quand l'eau se réchauffe.

Infections les plus courantes et suggestions de traitements

ATTAQUES BACTÉRIENNES

Catégories

Les attaques bactériennes ne sont pas contagieuses. Un seul poisson peut être atteint. Mais puisque ce sont souvent les conditions de vie qui causent des maladies, tous les poissons d'un même bassin risquent de souffrir des mêmes malaises.

Description

Hydropisie infectieuse : les poissons meurent en grand nombre, rapidement et sans raison apparente. Maladie asymptomatique ; les lésions sont internes.

Presque impossible à traiter.

Agissez sur la qualité de l'eau et éliminez les éléments de stress.

Hydropisie latente : ventre ballonné, écailles hérissées, comportement amorphe, yeux exorbités.

Bactéries particulièrement actives au printemps (Dropsy).

Très difficile à traiter.

Autres symptômes qui s'ajoutent lors d'infections graves : pourriture des nageoires et de la bouche, yeux ternes, production excessive de mucus, champignons autour de la bouche, ulcères.

Traitement

La maladie est foudroyante. Dès la perte d'un premier poisson sans cause apparente, faites des changements partiels d'eau, à raison de un tiers aux trois jours, pendant deux semaines. Donnez de la nourriture vitaminée à vos poissons. Au printemps, à titre préventif, on peut aussi utiliser un produit, le « Cyprinopur » de la compagnie Sera.

Offrez de la nourriture médicamentée à base d'antibiotique. Il existe des produits spécifiques sur le marché pour enrayer ces infections, tel le « Cyprinopur ».

On peut ajouter du sel dans l'eau du bassin pour fortifier les poissons et les aider à résister aux infections. Le dosage est fourni plus loin. Le sel agit comme tonique et désinfectant, mais il ne peut guérir les affections bactériennes.

En plus d'administrer de la nourriture médicamentée, il est suggéré de désinfecter l'eau du bassin avec des produits désignés pour combattre les attaques bactériennes.

Dans le cas où il y aurait aussi des ulcères, appliquez quelques gouttes d'iode (10 %) ou un onguent antibiotique directement sur la plaie et remettez le poisson à l'eau.

Infections les plus courantes et suggestions de traitements

LES CHAMPIGNONS (*fungus*)

Catégories

Contagieux.

Des blessures, des ulcères, de l'eau froide, de la surpopulation rendent les poissons plus vulnérables aux attaques de champignons.

Description

Apparition de mousse, de plaques, de points blancs d'apparence duveteuse :

- sur les nageoires ;
- autour de la bouche ;
- à divers endroits sur le corps.

À distinguer des ravages causés par les protozoaires, tel le « ich », le traitement s'avérant différent.

Traitement

Éliminez les causes de stress. Traitez le poisson hors du bassin avec le médicament approprié. De plus, soignez les ulcères avec de l'iode (10 %) et un onguent antibiotique.

Dans les cas plus graves, un bain de sel pourrait s'avérer nécessaire. Voir la procédure du bain de sel.

LES PARASITES

Catégories

Les parasites sont, pour la plupart, visibles à l'œil nu ; ce sont des petits vers ou de minuscules crustacés qui s'accrochent à la peau des poissons ou à leurs branchies. En perforant la peau des poissons, ils entraînent aussi des infections bactériennes ou la formation de champignons sur les plaies.

Description

Les poissons peuvent demeurer actifs et se nourrir. Toutefois, ils auront tendance à se frotter aux parois du bassin. Ils montreront des signes de prostration ou d'excitation.

Signes à observer pour diagnostiquer le problème : des taches brunâtres sur le corps, un voile gris bleuté sur le dos, des hématomes rougeâtres, la transparence des nageoires, leur effilochement voire leur destruction, et une sécrétion de mucus inhabituelle.

Traitement

Pour les parasites visibles à l'œil nu, désinfectez les zones affectées à l'aide de l'iode (10 %) et retirez les parasites à l'aide d'une pince à épiler. Désinfectez de nouveau avec de l'iode ou du mercurochrome et appliquez l'onguent antibiotique avant de remettre les poissons à l'eau.

Les parasites qui s'attaquent aux branchies ou aux nageoires sont difficiles à déloger. Il faut donner un bain de 1 heure dans une solution de 5 p.pm de permanganate de potassium. Pour cela, utilisez un aquarium de 38 litres, rempli d'eau, et dissolvez 3 grains de permanganate de potassium. Aérez bien tout au long du traitement.

Infections les plus courantes et suggestions de traitements

LES PARASITES (suite)

Catégories	Description	Traitement
	Pour traiter l'eau du bassin contre les parasites.	Des produits prévus à cet effet seront utilisés en traitement de trois jours. La première journée, versez une pleine dose dans le bassin. Au jour 2, une demi-dose et répétez au jour 3, une demi-dose. Trois jours, après la fin du traitement, faites un changement partiel d'eau (1/3). Répétez au besoin. Les bains de sel ont aussi une certaine efficacité. Soyez attentif au dosage, une trop grande salinité peut être fatale pour les poissons et nuire aux plantes.

LES PROTOZOAIRES

Catégories	Description	Traitement
Ce sont des organismes unicellulaires invisibles à l'œil nu. Ces éléments pathogènes sont souvent la cause d'infections bactériennes secondaires.	Les fameuses maladies des points blancs sont causées par des protozoaires, tels l'ichtyophtiriose, l'oodinium, le costia et l'epistylus. **Le « ich » :** des points blancs au contour net sur la nageoire dorsale ou caudale ou des points blancs à l'aspect duveteux au contour moins net se répandent partout sur le corps. **L'oodinium :** maladie très grave, souvent confondue avec le « ich ». Des points blancs, tirant sur le jaunâtre, au contour peu précis apparaissent. Les nageoires deviennent rouges et effilochées.	Ce type d'infection est courant. Il existe une documentation abondante sur ce sujet et on trouve sur le marché des produits médicamentés très efficaces. Le « ich » est la plus commune des infections. À ne pas confondre avec l'oodinium. Les produits traitants seront efficaces seulement si l'eau du bassin atteint au moins la température de 16 °C. Si l'eau est trop froide, procédez par bain dans un aquarium. Utilisez l'eau de l'étang, respectez le dosage du produit, aérez avec une pompe à air, sans filtreur.

Infections les plus courantes et suggestions de traitements

LES PROTOZOAIRES (suite)

Catégories	Description	Traitement
	L'epistylus : se décrit comme une production de mucus blanc cerné de rouge qui peut ressembler à une infection fongique.	Introduisez les poissons à soigner et augmentez graduellement la température de l'eau de 1 degré aux 2 heures jusqu'à atteindre 26 °C à 28 °C.
	Le costia : se reconnaît à une prolifération de mucus, des nageoires rougeâtres et une difficulté à respirer.	Dans le cas du costia, 4 jours en aquarium sont nécessaires ; dans le celui du « ich », 10 jours en aquarium, à température élevée.
	Les symptômes avant-coureurs de ces affections : léthargie, perte d'appétit, frottement aux parois du bassin. Le poisson cherche de l'air près de la surface.	Ensuite, diminuez graduellement la température afin d'atteindre la même que celle de l'eau d'étang avant d'y replonger les poissons. Dans la plupart des cas, la chaleur (eau entre 25 °C et 30 °C) tue les protozoaires et les parasites. Bon désinfectant, le sel est létal pour les parasites. Par mesure de précaution, avant le retour au jardin d'eau, trempez les poissons dans un bain contenant du sel de mer pendant 15 secondes (solution de 475 g de sel de mer pour 4 litres d'eau).
	Certains symptômes peuvent être confondus avec ceux des attaques fongiques. Un diagnostic précis permet de déterminer le traitement adéquat.	L'oodinium ne se traite pas facilement. Le sel est totalement inefficace pour éliminer ce pathogène. Vous pouvez utiliser un produit à base de formaline 37 %.

C'est souvent au printemps que les poissons sont les plus vulnérables aux infections, quand l'eau est froide. Une nourriture vitaminée est recommandée à titre préventif. Certains fabricants de nourriture pour poissons offrent d'excellents produits faciles à utiliser en étang. Les vitamines se vendent sous forme liquide que l'on ajoute à la nourriture régulière des poissons ou en comprimés qui se dissolvent dans le bassin.

Les bains de sel sont efficaces dans le traitement des parasites, des protozoaires et des champignons. Utilisez du sel de table **non iodé** ou du sel pour les adoucisseurs d'eau sans iode.

Utilisez-le directement dans le jardin d'eau :

- Pour un effet **tonique**, 0,5 kilogramme par 4 000 litres d'eau ;
- Pour un traitement de l'eau du bassin contre les **parasites**, 1 kilogramme par 4 000 litres d'eau.

Si vous voulez obtenir un dosage précis, il faut bien évaluer le volume d'eau à traiter. Vous trouverez en annexe 1 les formules nécessaires pour effectuer ces calculs.

Dans tous les cas, le dosage doit être fait graduellement. Préparez votre quantité de sel et divisez-la en trois ; à toutes les 24 heures, diluez un tiers de la quantité totale dans un arrosoir rempli d'eau du bassin, puis versez la solution dans l'étang. En 72 heures, le dosage recommandé est incorporé au bassin. Laissez agir trois jours puis faites des changements d'eau à raison de 1/3 de l'eau aux trois jours pendant 10 jours.

Le traitement en aquarium-hôpital permet un dosage précis dans les cas d'infections, de champignons et de protozoaires. Le sel n'a aucun effet sur les infections bactériennes et sur les attaques d'oodinium. Utilisez l'eau de l'étang pour remplir l'aquarium.

- Pour détruire les parasites, prévoir un bain de 10 minutes dans une solution de 20 grammes par litre d'eau.
- Pour désinfecter les blessures, prévoir un bain de 15 secondes dans une solution de 500 grammes par 12 litres d'eau.

Oxygénation : *Une bonne oxygénation est primordiale pour la réussite de tous les traitements en aquarium ou en jardin d'eau.*

Plusieurs produits très efficaces sont disponibles sur le marché pour le traitement en étang. Ils sont efficaces quand la température de l'eau se situe au-dessus de 16 °C. Videz un tiers de l'eau du bassin et calculez le plus précisément possible le volume d'eau[*]. Ajoutez le dosage requis. Après deux jours, remplissez le jardin d'eau à son niveau le plus élevé. À la troisième journée, videz un tiers de l'eau de l'étang et appliquez de nouveau le produit médicamenté. Refaites toutes ces étapes une troisième fois.

Rarement malades, les poissons combattent facilement les infections lorsqu'on leur assure de bonnes conditions de vie. Révisez la liste des causes de stress en vue de déterminer les sources du problème et de trouver les solutions.

---

[*] Voir l'annexe 1 pour les calculs.

Stress des poissons et solutions

Le stress peut être causé par... | **Les solutions**

* Une surpopulation.

* Une eau de piètre qualité.

* Un manque d'oxygène.

* Une suralimentation ou une alimentation de mauvaise qualité.

* Des variations brusques de température de l'eau provoquées par des changements d'eau fréquents.

* Des fluctuations de pH dues à l'ajout de produits destinés à contrôler ce dernier.

* Des prédateurs qui attaquent les poissons, tels les hérons, les ratons laveurs, les chats.

* Éliminez les poissons en trop. Soyez attentif au ratio recommandé pour une hibernation sans problème.

* Ajoutez un marais filtrant et des bactéries nitrifiantes chaque semaine.

* Installez une pompe à air.

* Suivez le tableau d'alimentation ; achetez en petites quantités pour offrir de la nourriture fraîche et non périmée.

* Évitez les changements d'eau, sauf en cas de problèmes de santé et, alors, respectez la consigne du tiers aux trois jours.

* Ne jouez pas avec le pH d'un jardin d'eau. Laissez la nature s'en occuper, l'équilibre découle de là.

* Aménagez des abris où les poissons peuvent se réfugier en cas d'attaques de prédateurs.

Chapitre 13

LA FAUNE DU JARDIN D'EAU

Les poissons ont fait l'objet d'un chapitre à part, compte tenu de l'importance qu'ils prennent dans le jardin d'eau, des soins qu'ils nécessitent et de la relation que nous bâtissons avec eux. Les autres acteurs de votre bassin, c'est la nature qui les choisit.

Les escargots

Escargots, limaces ou colimaçons ? La limace se définit comme un gastéropode terrestre sans coquille, nullement intéressé par le milieu aquatique. Le colimaçon est en fait une expression ancienne du mot escargot. Alors parlons escargots et jardin d'eau ! Les escargots ont la réputation d'être de bons nettoyeurs dans le milieu aquatique. Il y en a cependant de bons et de moins bons.

Deux variétés qu'il faut distinguer :

- La limnée, à coquille mince, spiralée et pointue raffole des feuilles tendres des plantes aquatiques ;

- La planorbe, à coquille épaisse, en forme de disque, ne s'attaque pas aux feuillages délicats des plantes. Elle se nourrit des algues* sur les galets et sur les parois du bassin.

Les limnées peuvent être introduites dans le bassin de diverses façons comme, par exemple, lors de l'achat de nouvelles plantes aquatiques ou par l'intermédiaire des oiseaux qui viennent s'abreuver dans l'étang. Elles peuvent causer de sérieux dégâts aux nouvelles tiges des plantes. Elles montrent peu d'intérêt envers les algues. Il est donc préférable de s'en débarrasser. Les escargots adultes se retirent facilement à l'aide d'une épuisette. Afin d'éliminer les œufs, il faut regarder sous les feuilles de nymphéas. Les limnées y pondent leurs œufs dans une bande gélatineuse transparente. Cette gélatine renfermant plus de 200 œufs peut être détachée aisément à l'aide de votre pouce et subira le même sort que celui réservé aux adultes.

---

* Les escargots ne s'occupent pas des algues filamenteuses, ni des algues microscopiques qui donnent une coloration verte à l'eau.

Un piège à limnée : laissez flotter quelques feuilles de chou ou de salade durant la nuit. Au matin suivant, retirez les feuilles de l'étang. Elles seront remplies d'escargots adultes dont vous pourrez vous débarrasser facilement. Répétez cette opération à quelques reprises.

La planorbe a ses amateurs. Elle est effectivement un bon nettoyeur. Elle s'alimente principalement des algues que l'on retrouve sur les roches et sur les parois du bassin. Il s'agit d'une aide facultative dans le contrôle des algues, peu dispendieuse et de surcroît complémentaire au milieu aquatique. Contrairement aux limnées plutôt indésirables, les planorbes ne sont pas apportées en cadeau par les oiseaux. Il faut se les procurer dans les endroits spécialisés.

71. PLANORBE

Hibernation des escargots : Les escargots sont des gastéropodes pulmonés ; ils peuvent passer un certain temps hors de l'eau sans dommage. Ils hibernent au fond de l'étang en respirant par la peau. À l'automne, au fond du jardin d'eau, placez un pot rempli de terre recouverte de sable pour leur permettre de s'enfouir dans la vase qui les protégera des rigueurs de l'hiver.

Les grenouilles (anoures)

Nous réservons une thématique particulière pour ces hôtes de choix. Nous remercions Stéphanie Ménard, technicienne en écologie diplômée du Cégep de Sherbrooke, qui a effectué la recherche sur ces batraciens menacés d'extinction par l'urbanisation et la pollution.

Les étangs, tout comme les lacs et les herbiers, sont des habitats favorables au développement des populations de batraciens et de reptiles. À cause de son côté écologique, le jardin d'eau fournit un habitat de choix à ces animaux. Les grenouilles ont besoin de plantes aquatiques pour s'abriter, se reproduire et pour trouver leur nourriture. En plus de profiter des avantages que les grenouilles peuvent offrir, vous contribuez à la remontée des espèces rares ou menacées au Québec. Les grenouilles sauront apprécier votre bassin d'eau, peut-être l'adopteront-elles et, pourquoi pas, s'y reproduiront !

Les différentes sortes de grenouilles

On nomme amphibien tout animal qui naît à l'état de larve aquatique munie de branchies servant à la respiration et dont la température du corps est variable. Ces animaux, anciennement appelés batraciens, possèdent également une autre caractéristique : la peau nue.

Ce grand groupe se divise en trois sousgroupes, dont deux sont présents au Québec :

- les urodèles (salamandres) ;
- les anoures (grenouilles).

L'identification

Il est assez simple de différencier les espèces de grenouilles entre elles. Les caractères morphologiques de chacune des espèces sont détaillés dans les guides d'identification et dans les ouvrages sur les amphibiens du Québec ou de l'Amérique du Nord.

Le chant des grenouilles mâles identifie l'espèce. Vous pouvez entendre ces concerts au cours du printemps avec les premières espèces à chanter qui sont les grenouilles des bois, les rainettes crucifères, les rainettes faux-grillon et les crapauds d'Amérique. Au cours de l'été, vous pouvez écouter les rainettes versicolores, les oua-ouarons et les grenouilles vertes. Ces chants sont disponibles sur disque ou cassette.

Les espèces que l'on retrouve le plus souvent dans les jardins et qui s'y adaptent facilement sont les grenouilles léopards, les grenouilles vertes ainsi que les rainettes crucifères.

L'habitat

Les amphibiens sont des animaux à la fois terrestres et aquatiques. Pour réussir à introduire ou à attirer les grenouilles ou les salamandres au jardin, celui-ci doit répondre à certaines exigences. Ces animaux requièrent premièrement un minimum de plantes aquatiques qui leur permettent de s'abriter, de se reproduire et de s'alimenter.

L'eau du bassin doit être équilibrée et saine. Évidemment, l'emploi de produits chimiques (algicides, chlore) est à proscrire. Le jardin d'eau, un écosystème en soi, doit fonctionner naturellement.

Rainette crucifère
Hyla crucifer

Grenouille léopard
Rana pipiens

72. GRENOUILLES

Grenouille verte
Rana clamitans

L'alimentation

La plupart des grenouilles se nourrissent principalement d'insectes, dont les mouches et les maringouins, de crustacés et de mollusques. Par contre, le ouaouaron se distingue des autres à cause de son alimentation de type carnivore (grenouilles, têtards, poissons, écrevisses). Les salamandres peuvent, elles aussi, contribuer à la diminution du nombre d'insectes circulant autour d'un jardin d'eau, car elles se nourrissent des larves. Les grenouilles (à l'exception du ouaouaron qui est carnivore) font bon ménage avec les poissons rouges et les carpes japonaises. L'alimentation et l'habitat étant différents pour ces deux espèces, elles ne se font pas compétition.

Le contrôle

Le contrôle de la population de grenouilles dans votre jardin d'eau se réalise naturellement. La nourriture ainsi que l'espace disponibles attirent ou éloignent les individus, selon le cas. La reproduction suit les mêmes lois. Les grenouilles pondront leurs œufs seulement dans un milieu propice à leur développement.

La reproduction

Les amphibiens pondent leurs œufs dans l'eau. Ces derniers sont entourés d'une enveloppe gélatineuse et sont fixés à la végétation. Les œufs sont caractéristiques de chaque espèce. La grosseur et la forme nous aident à les distinguer. L'éclosion de l'œuf a lieu six jours après la ponte afin de permettre au têtard de se développer dans l'eau. Celui-ci est muni de branchies externes pour la respiration et prend environ trois mois à se métamorphoser. Par contre, certaines espèces, comme la grenouille verte et le ouaouaron, subissent leur transformation au bout de trois années complètes.

Têtard deviendra grand : Des centaines d'œufs pondus, des nuages de têtards dans le jardin d'eau, est-ce un cauchemar ? Allez-vous être envahi par une horde de grenouilles ? ? ? Ne vous inquiétez pas, la nature s'occupe de maintenir un équilibre. Un beau matin, vous ne verrez plus aucun têtard dans le bassin. Seules les grenouilles pouvant trouver leur subsistance dans votre environnement et aider au contrôle des moustiques s'établiront dans le biotope.

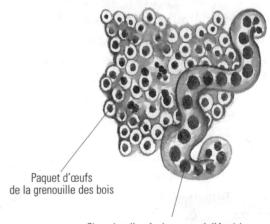

Paquet d'œufs
de la grenouille des bois

Chapelet d'œufs du crapaud d'Amérique

73. ŒUFS DE GRENOUILLES ET DE CRAPAUD

L'hibernation

Les amphibiens sont des animaux ectothermes. Actifs pendant les mois chauds de l'année, ils tombent dans un état d'engourdissement et d'inactivité à l'hiver. Le métabolisme devient très lent et les grenouilles se préparent à l'hibernation. Elles s'enfouissent dans le sol (boue et débris) du fond du bassin, du lac ou de l'étang. La respiration se fait par la peau grâce à un échange gazeux. S'il n'y a pas de terre dans le fond du bassin d'eau, un simple pot de terre recouvert de sable suffit. Placé dans une zone de 60 cm et plus, un pot sans plante convient parfaitement.

L'introduction

Les grenouilles et autres animaux aquatiques peuvent venir d'eux-mêmes jusqu'au plan d'eau. Par contre, s'il n'y a pas d'étendues d'eau ou de rivière à proximité, vous devez vous-même introduire quelques têtards. La grenouille adulte ne s'acclimate pas puisqu'elle tente toujours de retrouver son ancien domicile. Il est donc inutile d'essayer d'adapter des grenouilles matures à votre jardin.

Les pentes abruptes peuvent poser problème aux grenouilles qui tentent de quitter le bassin. Prévoyez une pierre plate ou deux pour faciliter leur sortie.

74. ESCALIER POUR GRENOUILLES

Menacés d'extinction : On remarque au Québec une diminution sévère des populations d'amphibiens (grenouilles et salamandres). Les principales causes de ce déclin : la chasse, l'exploitation commerciale, les techniques agricoles (insecticides, engrais, drainage), la destruction de l'habitat ou sa dégradation provoquée par la pollution. Heureusement, aujourd'hui, les grenouilles sont protégées par la loi et également mieux connues du public.

Vos observations peuvent être importantes aux yeux des chercheurs. Si vous désirez coopérer à un programme officieux de recensement des amphibiens (partout au pays), vous pouvez communiquer avec le rédacteur en chef de la revue Biosphère *au 2740, promenade Queensview, Ottawa (Ontario) K2B 1A2.*

Les tortues

Oui ou non ? Oui, dans la nature, non dans votre jardin d'eau ! Pourquoi ?

- Les tortues se nourrissent, entre autres, de poissons... de grenouilles... et de jeunes pousses de plantes aquatiques.

- Les tortues ont la fâcheuse habitude de couper les tiges des fleurs et des feuilles de nymphéas. Juste par... plaisir, puisqu'elles ne s'en nourrissent pas.

- Les tortues s'enfouissent dans la boue en laissant derrière elles un nuage de terre en suspension qui brouille l'eau.

- Les tortues vendues en animalerie sont des variétés tropicales qui ne peuvent pas hiberner dans nos étangs.

Ces raisons ne sont-elles pas suffisantes pour bannir ces adorables reptiles de nos bassins ?

Variétés menacées d'extinction : La *tortue à carapace molle (trionyx spini-ferus) et la chélydre serpentine (chely-dra serpentina) représentent deux variétés indigènes menacées d'extinc-tion en raison de la pollution de l'eau où elles vivent, de l'air qu'elles respirent, des animaux contaminés qu'elles consomment, de la chasse commerciale ainsi que des accidents qui se produisent sur la voie publique lorsque les femelles en quête de lieux de nidification sont heurtées par des voitures. Pour en savoir plus sur la protection des milieux humides, sur les programmes de surveillance des grenouilles et des tortues, adressez-vous au ministère de l'Environnement et de la Faune du Québec.*

Les écrevisses

Oui ou non ? Jouissant d'une excellente réputation de nettoyeur, cet omnivore nécro-phage demeure un voyageur invétéré. Il devient donc très difficile de le garder captif dans un bassin, ce qui est peut-être mieux ainsi, si vous désirez préserver intactes les parois de l'étang. Les écrevisses ont l'habi-tude, néfaste pour les géomembranes et pour les étangs d'argile, de creuser des galeries

pouvant atteindre un mètre de longueur, le long des berges. En conclusion, pas d'écre-visses dans les jardins d'eau !

Les sangsues

Personne n'est très à l'aise avec ces petites bêtes. Un petit frisson de dégoût vous parcoure l'échine lorsque vous en apercevez une.

Proche parent du ver de terre, la sang-sue aime les eaux très claires. Elle se déplace à l'aide de ventouses situées à chaque extré-mité de son corps. Parmi les 650 espèces répertoriées à travers le monde, beaucoup se contentent de se nourrir de larves d'insectes, de poissons morts ou vivants, d'œufs de grenouilles et même de débris de plantes.

La sangsue suceuse de sang la plus présente en Amérique du Nord est la fameuse *macrobdella decora* reconnaissable à son dos verdâtre moucheté de points rouges et à son ventre rouge orangé. Elle est encore largement utilisée en médecine. D'ailleurs, des recherches en vue de remplacer les puces de silicone par des neurones de sangsues se poursuivent depuis quelques années[*]. Éton-nant, n'est-ce pas !

Toutefois, la plus répandue en Amé-rique du Nord se nourrit surtout d'escargots, d'où son nom sangsue des escargots (*glossi-phonia complanata*), mais elle ne s'en prend pas aux humains. Quant à la sangsue pisci-cole (*piscicola geometra*), elle s'attaque aux poissons. Comme dans tous les cas de para-sites, on conseille de placer le poisson (10 mi-nutes) dans un bain de sel (20 g/l) avant de tirer sur la sangsue avec une pince à épiler.

---

[*] Tiré d'un texte de Sylvie Michaud et de Fabien Nadeau sur http : //portageurs.qc.ca.

Désinfectez la plaie avant de replonger le poisson dans l'étang et appliquez un onguent antibiotique.

La sangsue peut arriver dans votre jardin d'eau, transportée par les oiseaux, attachée à un pot de plante ou cachée dans son feuillage. Prenez toujours la peine de bien rincer le pot et la plante avant de les introduire dans votre jardin d'eau.

Un piège à sangsue : En fin de journée, suspendez des morceaux de viande rouge juste sous la surface de l'eau. Au petit matin, retirez et jetez les appâts avec leurs prises. Recommencez plusieurs fois. Les sangsues sont hermaphrodites et peuvent se reproduire sans aucun congénère présent dans le bassin. En étang naturel, l'achigan s'avère un prédateur très efficace pour le contrôle des sangsues.

Les maringouins

Comme dans le cas de plusieurs insectes, la larve du maringouin est aquatique. La femelle vient pondre ses œufs sur l'eau. Après l'éclosion, les larves et les nymphes vivent sous l'eau jusqu'au stade adulte. Les larves ressemblent à des petits vers poilus et blancs, à la tête de teinte rosée, qui se tortillent sous l'eau.

On s'inquiète souvent au sujet de l'envahissement des insectes par rapport au jardin d'eau. Aucune inquiétude à y avoir ! La nature fait bien les choses. Les larves et les nymphes aquatiques font partie de la chaîne alimentaire de la faune du biotope. Les poissons, les grenouilles, les libellules et les autres prédateurs du milieu aquatique les ingurgitent. Le contrôle est assuré.

Les vers

Le tubifex ou ver de vase de couleur rougeâtre (80 mm) danse et ondule en groupe, sous l'eau, la partie antérieure ancrée dans les sédiments ou le substrat de plantation. Il fait le délice des poissons et des grenouilles.

Les autres insectes et invertébrés

Plusieurs insectes ont besoin de l'eau pour se développer et y trouver leur nourriture. Certains vivent complètement sous l'eau, d'autres nagent, tourbillonnent, glissent à la surface de l'eau sans oublier ceux qui chassent au-dessus de la surface et plongent pour attraper leurs proies

Les puces d'eau, les araignées d'eau, la ranatre (punaise à aiguillon), le notonecte (la punaise d'eau), le gerris et l'hydromètre (les patineuses), le dytique, l'acilie, la naucore, la nèpe cendrée (scorpion d'eau) font partie de la faune aquatique. Certains se nourrissent de larves, de nymphes, de vers ; d'autres, plus voraces, s'attaquent aux têtards, aux alevins et aux petits poissons.

Piqûre : La piqûre des notonectes et des nèpes est douloureuse même pour nous les humains. Le port des gants à l'épaule est suggéré aux personnes qui réagissent fortement aux piqûres.

Dytique : *Insecte coléoptère carnivore* (diving beetle), *la larve de dytique qui peut atteindre 5 cm n'hésite pas à s'attaquer aux poissons et aux amphibiens adultes. N'hésitez pas à l'évincer du plan d'eau.*

75. DYTIQUE

Les libellules et les demoiselles

Rien de plus gracieux que le vol d'une libellule au-dessus d'un étang ! Rien de plus élégant que la demoiselle qui se dépose sur une fleur de nymphéa !

Ces insectes vivent à l'état larvaire sous l'eau. Ce sont des prédateurs tout aussi féroces et utiles sous l'eau que dans les airs. Ils sont carnivores. On dit souvent que lorsque les libellules choisissent un étang pour s'y établir, c'est que le biotope a atteint un équilibre enviable pour la vie aquatique.

Les demoiselles et les libellules font partie du même ordre, les odonates. On en dénombre plus de 5 000 espèces différentes.

Les deux types se reconnaissent à un corps de forme allongée, coloré, avec quatre ailes. La principale différence entre les deux réside dans le fait que la demoiselle plie ses ailes sur son abdomen, tandis que la libellule ne peut les replier. La libellule est aussi plus robuste que la demoiselle.

La nymphe ou larve vit dans l'eau et se nourrit principalement de larves de moustiques. Le stade larvaire dure au moins un an chez la plupart des espèces de libellules. La nymphe hibernera donc au moins un hiver dans votre bassin.

Elle ne requiert pas un pH d'eau spécifique. Elle se déplace dans l'eau en dandinant son corps. Si elle veut aller plus vite, elle expire de l'eau de son rectum, ce qui lui permet de se propulser.

L'adulte vit près de l'eau où les activités reproductives ont lieu. La libellule adulte mange surtout des insectes ailés comme les moustiques, les mouches noires, les mouches à cheval et à chevreuil. Elle agit comme bon régulateur de population d'insectes. L'adulte ne vit environ qu'un mois, juste assez longtemps pour se développer complètement et se reproduire. Aucune espèce ne survit plus d'un an au stade adulte. La plupart des espèces peuvent atteindre entre 30 km/h et 60 km/h de vitesse en plein vol.

Tentez d'observer la position de la libellule par rapport au soleil. Elle s'oriente de façon à minimiser la surface de contact avec le soleil afin de régulariser sa température corporelle. Durant la période chaude de la journée, elle pointe seulement le bout de l'abdomen vers le soleil et se sert de ses ailes pour ombrager le thorax. Elle peut même presque se tenir sur la tête lorsque le soleil est très haut. C'est la posture obélisque.

Pourquoi alors ne se déplace-t-elle pas tout simplement à l'ombre ? La raison est simple. Lorsque la température baisse, elle n'a qu'à déplacer ses ailes ou qu'à positionner son corps différemment. Par contre, si elle se place à l'ombre, elle doit se déplacer à nouveau pour gagner plus de chaleur, ce qui lui demande beaucoup plus d'énergie.

L'entreprise *À Fleur d'Eau* a choisi la libellule comme mascotte à cause de son élégance, de son rôle de « gobe-moustiques », mais surtout parce que sa larve est aquatique et que, lorsque l'adulte émerge de l'eau, nous obtenons la confirmation que notre milieu aquatique est sain et vivant. Notre mascotte porte le nom de Lady d'eau. Chaque année, son concepteur, Régis Millereau, lui façonne un nouveau « look », à notre plus grand plaisir.

Libellule filet 1997

Lady 1998

Lady 1999

Feng Shui

Lady 2000

Lady 1994

Lady 1995

Lady 2000

Lady Chine 1996

Lady 2001

Les rats musqués et les ratons laveurs

Le rat musqué est un prédateur sans merci pour les poissons, les amphibiens et les racines de nymphéas. Pendant l'hiver, il creuse le long des berges des galeries, comme refuge, qui lui donnent accès à l'eau, aux rhizomes de plantes et aux poissons sous la couche de glace. Les dégâts que subissent les plantes et les berges peuvent être très graves quand une jeune et nombreuse famille de rats musqués décide de s'implanter dans votre étang.

Le raton laveur, amateur de poissons frais, aime bien s'amuser dans le jardin d'eau. Il adopte un rituel : il vient visiter le jardin d'eau toujours à la même heure, de préférence au lever du jour. Il pêche sa ration de poissons, puis joue avec la pompe, tire sur les tuyaux, utilise votre cour comme terrain de jeu. Malgré son air sympathique et son apparente bonhomie, ne vous en approchez pas. Sauvage, cette bête peut transmettre la rage aux humains.

En milieu urbain ou semi-urbain, faites appel au ministère de l'Environnement et de la Faune (MEF) pour vous débarrasser de ces visiteurs indésirables et dangereux, le rat musqué ou le raton laveur. En milieu rural, en saison, vous pouvez faire affaire avec des trappeurs spécialisés dans la capture du rat musqué. En ce qui concerne les autres mammifères, le MEF saura vous conseiller.

Les chats et les chiens

Tous les chats sont fascinés par le mouvement de l'eau et surtout par les couleurs vives des poissons ornementaux. Certains passent de longues heures à observer paresseusement les poissons nager. Beaucoup, aux aguets, semblent prêts à bondir sur une proie, tandis que d'autres encore s'émerveillent simplement de ce qui les entoure. Piètres pêcheurs, les chats peuvent toutefois générer du stress chez vos poissons. Assurez-vous de leur aménager un abri sous l'eau pour qu'ils puissent s'y réfugier lorsque le chat de la maison ou celui du voisin devient trop entreprenant.

Certains chiens comme le labrador ne peuvent résister à l'appel de l'eau. Une flaque, un étang ou un jardin d'eau et ces excellents nageurs se lancent à l'eau sans demander la permission. Le plus ennuyeux reste les pots de plantes renversés dans le fond du bassin, la turbidité de l'eau créée par le mouvement de la terre répandue et le stress causé aux poissons à chaque baignade. Heureusement, la géomembrane imperméable, protégée par une couche de textile, ne devrait pas souffrir de ces visites intempestives. Il n'en demeure pas moins qu'il faut penser à retenir le chien au moyen d'une laisse, d'un « non » ferme ou de toute méthode jugée efficace pour l'empêcher de se baigner. Toutefois, si la baignade dans le bassin est un plaisir que vous comptez accorder à votre ami fidèle, regroupez les nymphéas. Aménagez une barrière qui empêche le chien de renverser les pots de plantation. Travaillez avec un marais filtrant pour laisser la surface d'eau dégagée et évitez d'introduire des poissons dans ces conditions peu favorables à leur tranquillité.

Comment écarter les indésirables (chien, chat, raton) ? Les clôtures électriques conçues pour les petits animaux sont très efficaces et simples à installer. Placez un fil de fer à 15 cm du sol, branché dans un transformateur de 12 volts, qui émet au contact une légère décharge électrique suffisant à éloigner les rôdeurs.

Les oiseaux

Une pièce d'eau au jardin, voilà une invitation que les oiseaux ne peuvent refuser. Ils viendront y boire et s'y baigner. Ils y trouveront une abondance de nourriture propre à les satisfaire. Ornithologues amateurs ou professionnels, vous serez captivés par leurs ébats et enchantés par les nouvelles variétés que vous observerez. Prévoyez une plage, que cette faune ailée puisse s'y poser en toute quiétude*. Attention aux chats, incompatibles avec les oiseaux**.

Toutefois, une nuance pour certains oiseaux qui, par ailleurs magnifiques, peuvent faire de sérieuses razzias dans votre précieux « cheptel aquatique », tels les hérons et les martins-pêcheurs. Juste avant sa migration, le héron d'un naturel plutôt timide devient audacieux et ingénieux quand il s'agit de faire ses provisions de voyage. Quelques précautions s'imposent pour mettre vos poissons à l'abri.

- Tant pour le martin-pêcheur que pour le héron, un filet bien tendu au-dessus de la surface de l'eau peut mettre vos poissons à l'abri mais dépare un peu le paysage. Utilisez des filets de nylon transparent.

- Spécifiquement pour le héron, entourez le jardin d'eau d'un fil de nylon, placé à environ 15 cm au-dessus du sol. Le héron en s'avançant pour pêcher se prendra les pattes dans le fil et c'est souvent suffisant pour le décourager. Attention quand même, cet oiseau est tenace, dans les jours suivants, il atterrira à divers endroits pour chercher une faille à votre installation.

- Certaines piscicultures utilisent des épouvantails représentant un hibou ou un héron. On trouve aussi des « ballons effrayeurs » qui virevoltent au gré du vent et des jets d'eau avec détecteur de mouvement.

Un abri de roches dans le bassin où les poissons trouveront refuge quand ils sentent le danger est utile mais le héron est un pêcheur patient et très rapide. Malheur au poisson qui s'aventurera à découvert sous le bec du prédateur à l'affût !

Ingéniosité et vigilance sont les mots d'ordre, il s'agit d'effrayer la bête et non de la blesser ou de la détruire. Prenez surtout le temps de les admirer, ce sont de beaux oiseaux déjà trop rares !

Le héron

---

* Pour l'aménagement d'une plage, consultez la section des bordures.

** Pour en savoir plus sur les jardins d'oiseaux au Québec, référez-vous aux auteurs France et André Dion. Leur plus récente parution : *Les jardins fleuris d'oiseaux.*

Chapitre 14

L'ENTRETIEN DU JARDIN D'EAU

Il faut compter quelques mois pour l'atteinte de l'équilibre de l'eau. Au cours de sa deuxième année d'existence, le jardin d'eau prend vraiment sa « vitesse de croisière ». À compter de la troisième année, on parle de maturité, que le jardin soit terrestre ou aquatique. Les saisons, la pluie, l'ensoleillement, la température, les poissons, la croissance des plantes influencent le biotope. Durant les deux premières années, le jardin passe par toutes sortes de cycles qui le mènent vers la maturité et avec lesquels vous allez vous familiariser. Peu importe les variations climatiques, chaque saison comporte son cycle immuable d'entretien.

Le jardin d'eau se régularise lui-même grâce à l'action des plantes et à toute la vie qui s'épanouit dans le biotope. On peut se bâtir un calendrier d'entretien en se basant sur les 4 grands moments de l'année, soit les 4 saisons, et en tenant compte des 3 éléments qui constituent le jardin aquatique, soit le bassin, l'eau et les plantes aquatiques. Auparavant, révisons les notions de base qui nous guideront dans l'élaboration de notre calendrier.

L'eau

L'eau est gardée saine sous l'action des plantes. Une fois la plantation achevée, les plantes prennent environ 3 semaines pour s'établir et commencer leur action filtrante. Il se peut que, pendant ces premières semaines, l'eau réagisse de façon à vous inquiéter, comme, par exemple, tourner au vert au lieu de conserver sa limpidité habituelle. Rassurez-vous, il n'y a rien de vraiment inquiétant dans ce phénomène.

L'eau verte

L'eau verte vient de la prolifération d'algues microscopiques. Ces micro-organismes sont apportés par le vent, par les oiseaux, par la sédimentation qui s'accumule au fond du bassin, etc. Dans la mesure où les plantes n'ont pas commencé leur travail de filtration, elles laissent une multitude de minéraux disponibles pour l'alimentation des algues. Bien nourries, les algues se multiplient à une vitesse phénoménale. Mais au moment où les plantes s'établissent et commencent à s'alimenter des minéraux contenus dans la colonne d'eau, la quantité disponible pour les algues va en diminuant. Les algues disparaissent alors graduellement et l'eau redevient claire. Le même phénomène peut se reproduire au printemps, quand les plantes ne sont pas complètement sorties de leur dormance et que l'eau commence à se réchauffer. Une grande quantité de minéraux est donc à la disposition des micro-organismes, tant que les plantes ne sont pas complètement actives, vers le début juin.

Si le même phénomène se reproduit en pleine saison, il s'agit habituellement d'un signe que le bassin ne contient pas suffisamment de plantes. **La reproduction des algues est tributaire de la chaleur de l'eau, de l'ensoleillement et des minéraux disponibles pour l'alimentation.** La solution ne consiste pas à placer le bassin sous les arbres – la majorité des plantes aquatiques ont besoin de beaucoup de soleil pour bien fleurir –, mais d'ombrager la surface du bassin avec des plantes à feuilles flottantes. Cette manœuvre stabilise la température de l'eau, ombrage le milieu de vie aquatique et augmente la consommation des minéraux chez les plantes.

Évitez tout produit chimique, tels les algicides. Les algues sont des plantes et un algicide peut nuire à leur croissance. Certaines peuvent en mourir. De plus, cela ne règle aucunement le problème de prolifération des algues. L'algicide s'avère parfois efficace de façon momentanée, mais les algues mortes se déposent au fond du bassin et se décomposent en minéraux assimilables par les micro-organismes... Et le processus recommence ! Pendant quelques semaines, augmentez la **fréquence** d'application des bactéries, à raison de 2 ou 3 fois par semaine. Toutefois, conservez le même dosage. Dans les cas qui semblent insolubles, pensez marais filtrant.

Pour que l'eau se stabilise, il faut éviter les changements d'eau. Remettre de l'eau claire dans le bassin semble une solution logique pour éclaircir l'eau verte, mais l'inconvénient est que la nouvelle eau est chargée de minéraux et de produits chimiques qui déstabilisent davantage le milieu aquatique.

Eau claire : Les plantes sont les meilleures alliées d'une eau claire. Évitez les changements d'eau et l'ajout d'algicide qui ne règlent rien et qui déséquilibrent le milieu aquatique.

Les cheveux d'ange

Les cheveux d'ange, une appellation non scientifique, un petit nom entre nous, pour parler d'un autre type d'algues. L'eau du bassin est limpide comme du cristal. Tout à coup, apparaît sur certaines roches un petit paquet de cheveux d'ange d'un beau vert vif, très attrayant du reste. Ce type d'algues s'établit dans certains bassins ; dans d'autres, jamais. Le phosphore disponible et le type de roches sont parmi les éléments qui concourent à la prolifération de ces algues.

Il faut se rappeler que les algues filamenteuses (cheveux d'ange) et celles qui rendent l'eau verte lancent le signal d'une sur-minéralisation de l'eau. Les algues se multiplient parce que la nourriture abonde. Donc, elles participent à l'équilibre du bassin en se nourrissant des minéraux contenus dans l'eau. Leur plus grand tort est de créer de l'ombre à nos plantes favorites et de nuire **à long terme** à leur développement.

Une oxygénation accrue est nécessaire pour exterminer les algues filamenteuses. De plus, deux produits aident au contrôle de ces plants microscopiques : le *Sans-algue*, qui fixe le phosphate, et l'humus de tourbe biologique, qui stabilise le pH de façon naturelle. Ces deux produits sont vendus en sachet et sont déposés tels quels près de la pompe ou dans le bassin de réception. Ces produits agissent lentement. Il se peut que vous soyez obligé de retirer les cheveux d'ange à la main pendant deux ou trois semaines. Pour ce faire, utilisez un bâton autour duquel vous enroulez les algues pour les ôter du bassin. Leur texture n'est pas désagréable et, en plus, elles sentent bon le frais et la nature.

L'eau noire

Une eau noire, en plein été, est habituellement causée par l'utilisation de terre noire lors de la plantation. Cette terre flotte, les particules ne se déposant pas au fond. Le seul inconvénient en est un d'esthétique.

Une eau noire, tard à l'automne ou au début du printemps, est due à la présence de matières en décomposition dans l'eau : des feuilles mortes provenant des arbres et des plantes. Ratissez délicatement le fond du bassin à l'automne et au printemps afin

Filet : Assurez-vous que le filet ne touche pas à l'eau, sinon les feuilles se décomposent plus rapidement et passent au travers de ses mailles. Dans le but d'éviter que le poids des feuilles accumulées ne fasse caler le filet dans l'eau, secouez les feuilles tombées sur le filet à l'extérieur du bassin, au besoin.

d'enrayer ce phénomène. Si beaucoup de feuillus entourent le plan d'eau, placez un filet, spécialement conçu à cet effet, sur le bassin pendant les quelques semaines de chute automnale des feuilles.

Si certains de vos poissons hibernent dans le bassin, il est important de bien enlever les feuilles mortes, ce qui les empêche de s'asphyxier durant l'hiver. Pour un maximum de confort lors de leur hibernation, préconisez deux changements **partiels** de l'eau : une **seule** fois tard à l'automne et une **seule** fois tôt au printemps. Exceptionnellement, vous pourrez remplacer **la moitié de l'eau du bassin** à ces occasions.

L'eau brune

Une eau brunâtre et brouillée découle généralement du fait que des poissons fouillent dans la terre et dans la couche de sédiments qui se déposent graduellement au fond du bassin. La terre et les sédiments ainsi continuellement remués restent en suspension et brouillent l'eau. À noter que les carpes japonaises (kois) sont plus fouineuses que les poissons rouges. Il faut réduire la couche de sédimentation en intégrant des bactéries spécifiques. Ces bactéries vont tout simplement digérer la couche de sédimentation qui s'est posée au fond du bassin. Cette méthode s'applique bien aux grands jardins d'eau et aux étangs.

Les bactéries pour sédiments digèrent les matières organiques, bien qu'elles n'ont aucun effet sur la terre dans le bassin. Mettez vos plantes à l'abri des poissons en les recouvrant de broche ou de galets. Utilisez un produit qui favorise la floculation des particules en suspension. Trois ou quatre applications rapprochées peuvent être nécessaires. Diluez le dosage requis avec l'eau de jardin. Ensuite, appliquez le mélange, à l'aide d'un arrosoir, un peu partout dans le bassin. Évitez les surdoses, car le produit peut nuire aux branchies des poissons.

Les tortues, les canards et les oies : *Sont incompatibles avec une eau limpide et claire, à l'instar du poisson communément appelé « barbotte ».*

Les plantes aquatiques

Les plantes ont besoin de deux ou trois petites attentions de votre part au courant de leur saison de croissance.

Un brin de fertilisation les comble. Les nymphéas (*nymphaea*) et les lotus (*nelumbium*) en sont particulièrement friands. On ne fertilise jamais les plantes submergées puisqu'elles ont tout ce qui leur faut sous l'eau. Par contre, les plantes à feuillage émergeant profitent bien d'une petite dose de fertilisant, en passant. On recommande une fertilisation mensuelle, de mai à août.

Une taille nette et régulière des feuilles fanées et des fleurs flétries s'avère nécessaire au contrôle des maladies, pour éviter l'accumulation de matières organiques au fond du bassin et, finalement, aussi pour l'esthétisme.

Gardez un œil vigilant par rapport à l'envahissement potentiel d'insectes nuisibles. Vous ne perdrez pas le contrôle dans la mesure où vous combattez l'infestation à ses débuts.

Si vous remarquez un jaunissement inhabituel des feuilles des nymphéas, restez attentif aux autres symptômes qui peuvent signifier une affection fongique.

Profitez de la session de fertilisation mensuelle pour tailler vos plantes et pour évaluer de près leur santé.

En cas de maladies, traitez vos plantes à l'extérieur du bassin, ce qui évite la contamination du biotope engendrée par des produits chimiques.

La division devient nécessaire lorsque les racines envahissent complètement les paniers de plantation et que la floraison est moins abondante. Planifiez la division sur deux années pour toujours détenir des plants matures en floraison dans le jardin d'eau.

Pour effectuer la fertilisation et les petits ménages d'été : Allez-y ! Vous *pouvez carrément marcher dans le bassin. L'eau est chaude, le soleil brille et c'est très agréable. Oubliez les chaussures à crampons. Ah ! Ah !*

Quant aux ménages de printemps et d'automne, servez-vous de « bottes à jambes » (cuissardes), de gants à l'épaule et d'une épuisette pour nettoyer le fond. Un râteau à feuilles peut être commode pour le fond, à condition qu'il soit manipulé très délicatement ! Si vous préférez ne pas marcher dans le bassin, vous pouvez disposer des planches de bois en travers du plan d'eau. Nettoyez avec le râteau et le filet en vous tenant sur les planches.

Le bassin

Ajoutez de l'eau pour remédier à son évaporation.

Si le niveau d'eau baisse anormalement, vérifiez les bordures pour l'effet de mèche, le pourtour du bassin de réception pour le déplacement du tuyau d'arrivée d'eau, ainsi que la cascade pour un déplacement éventuel des roches.

Seule la santé des poissons exige des changements partiels d'eau. En saison, en cas de maladie, suivez la règle du 1/3 aux trois jours pendant deux semaines. Tôt au printemps et tard à l'automne, changez la moitié de l'eau, mais seulement s'il se présente un danger d'intoxication à la suite d'une accumulation de matières en décomposition dans le bassin.

Prévoyez un grand ménage aux trois, quatre ou cinq ans, selon les besoins. Une fois n'est pas coutume ! Lavez le bassin à fond et remettez de la nouvelle eau. Dans ce cas, préparez à l'avance des chaudières ou autres contenants que vous remplissez avec l'eau actuelle du bassin. Laissez-y vos plantes le temps de vider le plan d'eau, de le nettoyer et de le remplir à nouveau. Placez la pompe dans la partie la plus profonde du bassin et détournez le tuyau d'arrivée pour que l'eau s'écoule sur la pelouse. Pendant que le niveau d'eau baisse, utilisez le boyau d'arrosage afin de laver les parois et le fond. Si nécessaire, enlevez la couche de sédiments et de terre accumulés au fond à l'aide d'une épuisette. Épongez le fond avec des chiffons. Remplissez avec le boyau d'arrosage, sans délai, et laissez l'eau se stabiliser pendant une quinzaine d'heures avant d'y réintroduire les plantes. Commencez très tôt le matin, que tout le processus s'exécute en une seule journée.

Si vous possédez des poissons, préparez un récipient suffisamment grand qui les accueillera. Placez-le dans un endroit ombragé pour empêcher la surchauffe de l'eau. Employez, par exemple, une piscine d'enfant que vous remplissez avec l'eau du jardin. Ajoutez 2 cuillères à table de sel non iodé en vue d'atténuer le stress des poissons. Installez la pompe à air et ajoutez 1/8 d'eau du robinet toutes les 6 heures. Attendez que le bassin soit pratiquement vide avant de transférer les poissons. Ils seront plus faciles à attraper et cela abrégera la situation stressante pour eux. Ils ne devraient pas passer plus de 36 heures hors de l'étang. Ne donnez aucune nourriture aux poissons, le stress étant trop élevé. Pour les réintroduire dans le jardin, assurez-vous qu'il n'y ait pas d'écart de température. Procédez de la même façon que lors de l'introduction des nouveaux poissons.

Le calendrier

Le jardin d'eau requiert des soins minimes mais chaque saison a ses particularités. Afin de planifier l'entretien du bassin et des plantes, nous vous proposons un aide-mémoire sous forme de calendrier, dans lequel vous retrouverez les étapes à suivre et les matériaux requis.

Le calendrier

Les 4 saisons	Les 3 éléments	Les matériaux
Au printemps	Eau – Plantes – Bassin	
Fin mars	Début de l'application des bactéries pour sédiments et des bactéries nitrifiantes	Bactéries
	Vérification du tour des bordures, de la cascade et du bassin de réception pour replacer les roches que le gel et les rigueurs de l'hiver auraient pu faire bouger	
Avril	Retrait des feuilles mortes et des débris au fond du bassin	Grande épuisette Râteau à feuilles
	* Vidanger la moitié du bassin et remplacement par de l'eau neuve	Pompe et boyau
	Démarrage de la pompe pour la cascade ou le ruisseau	
	Remplacement du sachet d'humus de tourbe et du sac de *Sans-algue*	Ciseaux et épuissette
	Si les plantes ont été déplacées à l'automne, les remettre à l'endroit désiré	Gants et cuissardes
	Si le lotus a hiberné dans le fond du bassin, le remonter près de la surface, à environ 6 à 10 cm sous l'eau et tailler les tiges mortes à la base	
	Dégagement des couronnes de croissance des plantes, si de la terre ou des galets les recouvrent	
	Bon temps pour diviser les plants	Terre et paniers
	Commencer à nourrir les poissons quand la température de l'eau dépasse 8 °C	Nourriture
Mai	Première fertilisation	Fertilisants
	Si le lotus n'a pas commencé sa croissance, le sortir de l'eau et procéder comme expliqué au chapitre des plantes	Bons bras Boyau d'arrosage
Juin	Deuxième fertilisation	Fertilisants
	Taillage du feuillage jaune	Ciseaux
	Passer un filet dans le fond pour enlever les feuilles mortes	Gants et épuisette
	Continuer l'application des bactéries nitrifiantes et cesser celle des bactéries à sédiments	Bactéries nitrifiantes

Le calendrier

Les 4 saisons	Les 3 éléments	Les matériaux
À l'été	Ne pas oublier de prendre des photos	
	Jouir de l'été auprès du bassin	
Juillet	Troisième fertilisation	Fertilisants et gants
	Tailler et retirer les feuilles et fleurs fanées	Ciseaux et épuisette
	* À cause des grandes chaleurs, il peut être nécessaire d'appliquer les bactéries deux fois par semaine jusqu'au début du mois d'août	Bactéries nitrifiantes
Août	Quatrième et dernière fertilisation au début du mois d'août	Fertilisants et gants
	Tailler et retirer les feuilles et fleurs fanées	Ciseaux et épuisette
	Surveiller les pucerons et autres insectes nuisibles	Vigilance
Septembre	Tout continue de fleurir, ne rien couper	
	Mettre un filet pour contrôler les feuilles des arbres qui tombent dans le bassin	Filet à feuilles
	Application des bactéries pour les sédiments	Bactéries à sédiments
Fin octobre	Couper le feuillage jauni de toutes les plantes	Ciseaux, gants et cuissardes
	Descendre le lotus au plus creux du bassin, sans rien tailler	
	Nettoyer le fond du bassin avec une puise	Épuisette
	Ranger le filet à feuilles pour l'automne prochain	
	* Selon le type de bassin, mettre les pots au plus profond de celui-ci	Gants et cuissardes
	* Vider la moitié de l'eau et remettre de la nouvelle eau	Pompe et boyau
	Arrêter la pompe de la cascade	Mains sèches
	Débrancher la soupape de remplissage et ranger la section en plastique à l'abri du gel	Pinces
	Cesser de nourrir les poissons quand la température de l'eau atteint 8 °C	
	Installer la pompe à air pour l'hibernation des poissons	Ensemble d'hibernation
Novembre	S'assurer que tout est en place pour l'hiver	

Le calendrier

Les 4 saisons	Les 3 éléments	Les matériaux
À l'hiver	Une fois par semaine, faire un tour près du jardin d'eau pour vérifier le bon fonctionnement du système d'hibernation des poissons Prendre des photos du jardin sous la neige Rêver au printemps prochain	
Aux 3 ou 4 ans	Diviser les plantes Nettoyer le bassin à fond	

Chapitre 15

DES MYTHES ET DES SOLUTIONS

Un jardin d'eau, c'est vivant. Nous croyons que plus on détient d'informations sur le milieu aquatique, plus on comprend les interactions entre tous ses éléments et plus on est ainsi en mesure de poser des gestes écologiques qui respectent l'environnement.

Quelques mythes persistants

- Changer l'eau du bassin rééquilibre l'eau

  Au contraire, la nouvelle eau est remplie de minéraux que le biotope doit prendre en charge.

- Nettoyer le fond fréquemment

  Le biotope doit se régulariser de lui-même. Il a besoin de tous ses éléments naturels pour trouver son équilibre. Les bactéries bien oxygénées font le ménage du fond en compostant les sédiments.

- Les poissons rouges nettoient le bassin

  Tous les poissons ornementaux constituent une source de minéraux supplémentaires.

- Les poissons ont besoin de soins constants

  Vous pouvez partir en vacances sans souci. Les poissons trouveront tout ce qu'il leur faut à même le plan d'eau.

- Les maringouins vont devenir un problème

  Le biotope attire toute la faune nécessaire à son équilibre : plus d'oiseaux, plus de grenouilles, etc., qui se nourrissent des larves d'insectes.

Quelques mythes persistants (suite)

- Il est préférable de couvrir la surface de l'étang pour l'hiver

  Au contraire, un bassin couvert gèle autant et dégèle plus tardivement au printemps. De plus, puisque la vie continue sous la glace durant l'hiver, il ne faut pas couper la clarté naturelle.

- Le bassin gèle jusqu'au fond, il faut sortir les plantes et les poissons

  Dans une profondeur de 60 cm, plantes et poissons seront en sécurité dans le jardin d'eau.

- Il faut baisser le niveau d'eau l'hiver et y laisser flotter un morceau de bois ou de styromousse

  Le bassin doit être bien rempli pour l'hiver. La pression de l'eau permet de stabiliser les bordures et de maintenir le tout en place même sous l'effet du gel.

- Le terrain est argileux, il n'a donc pas besoin de membrane

  Les terrains sont souvent argileux à 60 cm sous la surface du sol. Un jardin d'eau encavé à cette profondeur n'offre aucun intérêt visuel. De plus, durant l'été, le niveau d'eau risque de baisser au point que l'étang se vide.

- Les algicides contrôlent les algues, sans effet sur les plantes ni sur les poissons

  Les algicides tuent les algues, c'est vrai. Les algues sont des plantes microscopiques. Elles s'affaiblissent inévitablement avec l'application de ce type de produit. Une floraison moins abondante en sera le premier signe. D'autre part, les algicides sont bio-accumulables, c'est-à-dire qu'ils s'accumulent dans le système des poissons. L'effet néfaste se fait sentir à moyen terme. Après un an ou deux, les poissons sont moins résistants aux maladies et aux infections.

- Les parois du bassin sont recouvertes d'un dépôt vert plutôt visqueux. Dois-je le nettoyer ?

  Ce limon est en fait une couche d'algues qui oxygène la colonne d'eau. Ces algues se nourrissent des micro-organismes participant ainsi au contrôle des autres formes d'algues. Vous pouvez leur laisser faire leur travail d'épuration en toute quiétude.

Quelques mythes persistants (suite)

- Ne laisser que 2 ou 3 feuilles à chaque nymphéa pour obtenir une floraison plus abondante

Le rôle premier des nymphéas consiste à ombrager la surface du bassin pour garder l'eau fraîche ainsi qu'une meilleure teneur en oxygène dans l'eau. Les feuilles des nymphéas sont essentielles à l'équilibre du biotope.

Une fertilisation adéquate demeure le secret d'une abondante production de fleurs.

- Une vieille toile de piscine convient

Le mélange de PVC et de plastique qui compose les toiles de piscine ne procure pas la résistance adéquate dans le cas des jardins d'eau. Après un an ou deux, il est fréquent que ces membranes se perforent ou se fendillent. Tout l'aménagement est alors à refaire. De plus, ces membranes, lorsqu'elles sont neuves, deviennent toxiques pour la faune du plan d'eau, à cause de leur traitement au chlore.

- Un jardin d'eau, c'est du gaspillage d'eau

Le développement urbain a détruit tous les petits milieux humides qui permettaient à la faune de s'alimenter, de s'abreuver et de se reproduire. Dans certaines zones, tout ce qui reste ce sont des flaques d'eau sales et polluées impropres à la vie. À l'instar des mangeoires d'oiseaux qui permettent d'attirer et de nourrir quantité de variétés d'oiseaux, le jardin d'eau écologique est perçu comme une source vitale pour la faune menacée des milieux humides et permet de conserver la biodiversité.

L'eau verte

- Elle est causée par la prolifération d'algues microscopiques qui se nourrissent des minéraux contenus dans la colonne d'eau. En trop grande quantité, elles donnent une coloration verte à l'eau.

- Elle est reliée à une fertilisation excessive, à une suralimentation des poissons ou à une surpopulation de ceux-ci, combinées.

- Augmentez la fréquence d'application des bactéries, à raison de 2 fois hebdomadairement, pendant 3 à 4 semaines.

- Évitez que les résidus de la tonte de la pelouse, source d'azote stimulant la croissance des algues, ne tombent dans le bassin.

- Diminuez la quantité de nourriture offerte aux poissons.

- Évitez la dissolution de fertilisants pour les plantes aquatiques dans l'eau.

- Si vous faites affaire avec une compagnie d'engrais pour enrichir votre pelouse, recouvrez votre bassin d'un film de polyéthylène avant l'application de fertilisants.

- Lors des pluies, l'eau du terrain ne doit pas se drainer dans le bassin.

- Afin de diminuer l'évaporation, contrôlez les pertes d'eau en ajoutant des nymphéas, en ombrageant la cascade et en contrôlant l'effet de mèche.

- Réduisez la quantité de roches aux abords du plan d'eau.

- Ajoutez des plantes submergées.

- Aménagez un marais filtrant.

- Installez un système d'oxygénation.

Les algues filamenteuses (« cheveux d'ange »)

- Elles sont reliées à une surabondance de phosphore.

- Effectuez un contrôle manuel.

- Diminuez la quantité de roches au fond du bassin.

- Ajoutez un sac d'humus de tourbe biologique.

- Incorporez un sachet de *Sans-algue*.

- Aménagez un marais filtrant.

- Aérez le fond de l'étang à l'aide d'une pompe à air.

Les algues « mousseuses »

- Ce sont des algues qui se détachent du fond au printemps.

- Diminuez la couche de sédimentation en appliquant des bactéries qui accélèrent le processus de transformation des sédiments en CO_2 et en H_2O.

- Aérez le fond de l'étang à l'aide d'une pompe à air.

L'eau blanchâtre

- Au printemps, on peut découvrir des grenouilles, des poissons et même des souris morts dans l'étang. La chair en putréfaction donne cette coloration blanchâtre à l'eau.

- Enlevez les bestioles mortes et effectuez des changements partiels d'eau.

L'eau brune

- Elle provient de la terre en suspension dans l'eau.

- Couvrez la terre des contenants des plantes avec du grillage ou des galets pour empêcher les poissons de remuer le sol.

- Isolez les poissons des plantes au moyen d'un grillage ou d'un muret de pierres sous l'eau.

- Faites un drain autour du bassin afin d'empêcher que la terre des plates-bandes terrestres ne soit délavée dans le plan d'eau lors des pluies.

- Ajoutez un agent de floculation, tel *Écol'eau*.

L'eau noire

- Elle est causée par les feuilles en décomposition dans le plan d'eau.

- Couvrez le bassin d'un filet à l'automne.

- Ramassez les feuilles mortes dans le bassin.

- Effectuez des changements d'eau partiels (1/3), avant le gel et après le dégel.

- Augmentez la fréquence d'application des bactéries à sédiments.

Le pH

- En jardin d'eau, le pH peut varier grandement d'une région à l'autre et d'un bassin à l'autre. Le niveau du pH acceptable se situe entre 6 et 8,5. On ne doit jamais modifier le pH en appliquant des solutions tampons.

- Les plantes et les poissons s'adaptent plus facilement à un pH stable qu'à un milieu en continuelle fluctuation.

- Le seul produit qui peut aider à réduire un pH trop élevé, de façon douce et sans choc pour le milieu aquatique, est l'humus de tourbe biologique.

Les bactéries

- Calculez trois semaines pour que l'efficacité des bactéries commence à être visible.

- Inutile d'augmenter le dosage, il faut plutôt accroître la fréquence pendant quelques semaines, s'il se produit une recrudescence d'algues.

- Comptez 4 à 5 mois de vie productive, une fois la bouteille débouchée.

- Sur la bouteille de bactéries figure une date de péremption, valide tant que la bouteille n'a pas été ouverte.

- Conservez vos bouteilles à l'abri du gel.

- Les bactéries ne sont pas efficaces dans une eau dont le pH dépasse 9. Cessez tout simplement l'application de bactéries et ajoutez un sac ou deux d'humus de tourbe.

- Le cycle de reproduction des bactéries dure environ 20 minutes comparativement à celui des algues qui s'étend sur plus ou moins 24 heures. Les bactéries sont donc plus rapides pour assimiler les minéraux et réduire la croissance des algues.

- Afin d'être pleinement efficace, une bactérie requiert un haut taux d'oxygène.

Les colorants

- Servent de filtre pour couper les rayons du soleil qui permettent la photosynthèse et la multiplication des algues.

- Sont très efficaces lors de canicules.

- Donnent une coloration brune ou noire à l'eau selon les quantités appliquées.

- Créent un effet miroir très intéressant.

- Donnent une impression de profondeur.

- Camouflent les paniers de plantation et les imperfections du fond du bassin.

- Peuvent s'utiliser occasionnellement puisqu'ils se diluent après quelques semaines.

- Sont sans danger pour les poissons.

- Placez les plantes submergées près de la surface, sinon elles ne pourront survivre sans clarté.

Les ballots d'orge

- Les enzymes dégagées par la décomposition de l'orge favorisent la floculation des matières en suspension dans l'eau.

- Une application temporaire peut s'avérer efficace pour aider à la clarification de l'eau.

Pour une floraison abondante des nymphéas

- En plein soleil, 6 heures par jour.

- Un programme de fertilisation adéquat.

- Un panier d'au moins 30 cm pour chaque plant.

- Le collet de croissance toujours bien dégagé, sans terre, ni galets pouvant l'étouffer.

- Une division aux trois ou quatre ans.

- À l'abri des gouttes d'eau de la cascade ou du jet d'eau.

Les règlements municipaux

- Certaines municipalités ont instauré des règlements quant à la profondeur des plans d'eau et à l'obligation ou non de clôturer ceux-ci.

- Informez-vous à ce propos avant d'entreprendre des travaux.

L'eau est précieuse et essentielle comme source de vie, l'utiliser à bon escient, ne pas la gaspiller, ne pas la polluer et utiliser des méthodes d'épuration douce font partie des actions locales pour un changement global.

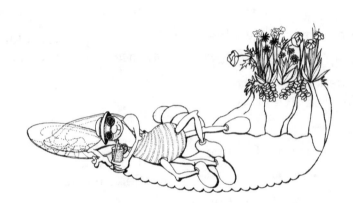

AIDE-MÉMOIRE
POUR LES CALCULS ET LES ÉQUIVALENCES

Calcul de la surface du bassin

Formes du bassin	Formules	Exemples
Forme carrée ou rectangulaire	Longueur x largeur	2 m x 3 m = 6 m^2
Forme circulaire	Rayon au carré x 3,1416 Rayon = 1/2 du diamètre	Pour un diamètre de 3 m Soit : 3/2 = 1,5 de rayon Rayon : 1,5 x 1,5 = 2,25 Surface : 2,25 x 3,1416 = 7 m^2
Formes irrégulières	Découpez le jardin en zones et calculez chaque zone séparément selon les formules appropriées.	

Conversions du système métrique

Dimensions	Volume
1 cm = 0,25 po 30 cm = 12 po 1 m = 3,3 pi 1 m^2 = 10,76 pi^2 1 m^3 = 35 pi^3	1 m^3 = 1 000 litres = 264 gallons US = 1,3 verge cube 1 pi^3 = 28,4 litres 1 pi^3 = 7,5 gallons US

Calcul du volume d'eau du bassin

Formules	Exemples	Poids de l'eau
En m² et en litres Surface ⠀⠀x profondeur moyenne ⠀x 1 000 litres	Pour un jardin de 2 m x 3 m = 6 m² et une profondeur moyenne de 45 cm 6 m² x 0,45 x 1 000 = 2 700 litres	1 gallon US 8,34 lb ou 3,8 k
En pi² et en litres Surface ⠀⠀x profondeur moyenne ⠀x 28,4 litres	Pour un jardin de 6,5 pi x 10 pi = 60 pi² et une profondeur moyenne de 18 po 65 x 1,5 x 28,4 = 2 769 litres	1 gallon imp. 10 lb ou 4,5 k
En pi² et en gallons Surface ⠀⠀x profondeur moyenne* x 7,5 gallons	Pour un jardin de 6,5 pi x 10 pi = 60 pi² et une profondeur moyenne de 18 po 65 x 1,5 x 7,5 = 731 gallons	1 litre = 1 k

* Si la moitié du jardin a une profondeur de 30 cm et l'autre moitié, une profondeur de 60 cm, la profondeur moyenne est de 45 cm.

Dans un litre, il y a :

Mm 1 000	cm³ 1 000	po³ 61	oz 33,8	tasse 4,25	gallon US 0,264	poids/g 1 000	poids/lb 2,2

Dans un gallon US, il y a :

Litres 3,785	pi³ 0,1339	po³ 231	oz 128	tasses 16	gallon imp 0,8327	poids/g 3 785	poids/lb 8,345

Autres calculs

Liquide	1 gallon US = 3,78 litres*	1 gallon impérial = 4,55 litres
Température	Celsius en Fahrenheit : ⠀⠀multiplier par 9, diviser par 5, ajouter 32	Fahrenheit en Celsius : ⠀⠀Soustraire 32, multiplier par 5, diviser par 9
Partie par million	1 p.pm = 1 mg/litre	1 litre = 1 k

* Équivalence habituellement utilisée.

Rapport des pentes

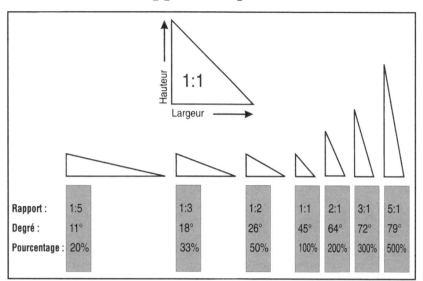

Annexe 2

LA DIMENSION DES MARAIS FILTRANTS

Un jardin d'eau, en bénéficiant d'un marais filtrant, peut atteindre son équilibre et conserver une eau de bonne qualité. Le marais filtrant règle les problèmes de sur-minéralisation, entre autres responsables de l'eau verte. Il est essentiel aux jardins baignables et aux jardins de kois parce qu'il réduit la quantité de coliformes fécaux qui représentent un danger pour la santé humaine et animale.

Un jardin baignable et un jardin de kois doivent toujours être oxygénés, même en présence d'un marais filtrant. Le marais gère le contenu de la colonne d'eau. L'oxygénation permet de contrôler les sédiments accumulés au fond du bassin ainsi que les coliformes totaux produits par la matière en décomposition.

Le tableau suivant propose différentes grandeurs de marais filtrants selon l'usage que l'on veut faire du bassin et selon sa surface. La largeur et la profondeur sont fournies à titre indicatif seulement ; les proportions peuvent varier afin que le marais s'intègre

de façon harmonieuse à l'aménagement. Il faut prendre en considération la surface totale suggérée.

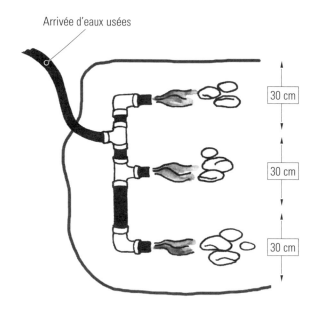

Arrivée d'eaux usées

30 cm

30 cm

30 cm

76. RÉPARTITION DE L'EAU
dans les marais de plus de 30 cm de largeur

Suggestions de dimensions de marais et débit de la pompe

Usage du jardin	Surface du bassin (m²)	Surface du marais (m²)	Largeur du marais (cm)	Longueur du marais (m)	Débit de l'eau à l'heure (l)
Jardin d'eau Profondeur de 60 cm Marais filtrant 5 % de la surface du jardin d'eau	1,50	0,075	30	0,30	50
	2,50	0,125	30	0,45	60
	5,00	0,25	30	0,80	125
	8,00	0,40	30	1,33	200
	10,00	0,50	30	1,60	250
	12,00	0,60	30	1,90	300
	15,00	0,75	45	1,60	375
	20,00	1,00	60	1,66	500
	30,00	1,50	60	2,50	750
	40,00	2,00	75	2,66	1 000
	50,00	2,50	75	3,33	1 250
Jardin baignable Profondeur de 150 cm Marais filtrant 5 % de la surface du jardin d'eau	20,00	3,00	60	5,00	1 250
	30,00	4,50	75	6,00	1 875
	40,00	6,00	90	6,00	2 500
	50,00	7,50	120	6,00	3 750
	75,00	11,25	120	9,00	4 680
	100,00	15,50	120	12,00	6 250
	150,00	22,50	150	15,00	9 360
Jardin de kois Profondeur de 120 cm Marais filtrant 25 % de la surface du jardin d'eau	12	3,00	60	5	600
	15	3,75	75	5	750
	20	5,00	90	5	1 000
	30	7,50	90	8	1 500
	50	12,50	120	10	2 500
	75	18,75	150	12	3 750
	100	25,00	150	16	5 000

Le débit à l'heure représente la quantité d'eau à faire circuler dans le marais dans l'optique d'une épuration efficace. Le calcul s'effectue en tenant compte de deux éléments :

- Le volume d'eau total, estimé selon la profondeur moyenne de chaque type de bassins ;

- Toute l'eau du bassin doit passer au moins une fois par jour dans le marais.

Le meilleur moyen d'assurer une épuration efficace, tout en évitant de stresser les plantes avec un débit d'eau trop rapide au niveau du système de racines, est d'installer une sortie d'eau pour chaque 30 cm de largeur de marais. (Voir dessin 76, page 179)

LES POMPES

Guide de sélection pour les systèmes d'aération

Surface de l'étang (m²)	Profondeur en cm	Pression requise PSI	Débit d'air requis LPM	Quantité de diffuseurs	Choix de diffuseurs	Consom-mation en watts
6	60	0,86	5,58	1	1	6
10	60	0,86	9,30	1	1	7
12	60	0,86	11,16	2	1	13
15	75	1,07	13,95	2	1	13
20	75	1,07	18,60	2	2	13
25	90	1,28	23,25	3	1	40
30	90	1,28	27,90	3	1	40
35	90	1,28	32,55	3	2	40
40	120	1,71	37,21	4 ou 5	1	40
50	120	1,71	46,51	4 ou 5	1	40
60	120	1,71	55,81	4 ou 5	1	60
75	120	1,71	69,76	4 ou 5	2	60
75	160	2,28	69,76	4 ou 5	2	60
100	120	1,70	93,01	4 ou 5	2	80
100	160	2,28	93,01	4 ou 5	2	80
150	120	1,71	139,52	4 ou 5	3	80
150	160	2,28	139,52	4 ou 5	3	80

Numéro correspondant au choix de diffuseur

1   Pierre diffuseur rectangulaire de   5,0 cm
2   Pierre diffuseur rectangulaire de   7,5 cm
3   Pierre diffuseur rectangulaire de 15,0 cm

Tableau de consommation électrique de tous types de pompes

Exemples d'utilisation	Watts	x 5¢ kW/heure	Coût par 24 heures	Coût mensuel
Fontaines	10		0,01 $	0,36 $
Fontaines	30		0,04 $	1,08 $
Jets d'eau	50		0,06 $	1,80 $
Jets d'eau	80		0,10 $	2,88 $
Cascades	200	0,01 $	0,24 $	7,20 $
Cascades	400	1,02 $	0,48 $	14,40 $
Cascades	600	1,03 $	1,02 $	30,06 $
Cascades	1 000	1,05 $	1,20 $	36,00 $

Suggestion de diamètres de tuyau selon le débit de la pompe à eau

Diamètre du tuyau	Débit de la pompe
1,00 cm	100 – 450 litres
1,80 cm	450 – 1 300 litres
2,50 cm	1 300 – 4 000 litres
3,75 cm	4 000 – 1 200 litres
5,00 cm	12 000 – 30 000 litres
7,50 cm	30 000 litres et plus

Le choix de la pompe à eau

Trois facteurs déterminent précisément le choix de la pompe pour les cascades et les ruisseaux :

1) *La coulée d'eau ou la largeur de la chute d'eau*

Débit nécessaire au bassin de réception

Largeur de la coulée d'eau désirée	Débit d'eau à l'arrivée dans le bassin de réception
Environ 20 cm de largeur	4 800 litres/h
Environ 40 cm de largeur	9 000 litres/h
Environ 60 cm de largeur	13 500 litres/h
Environ 80 cm de largeur	18 000 litres/h
Environ 100 cm de largeur	22 500 litres/h
Environ 120 cm de largeur	27 000 litres/h

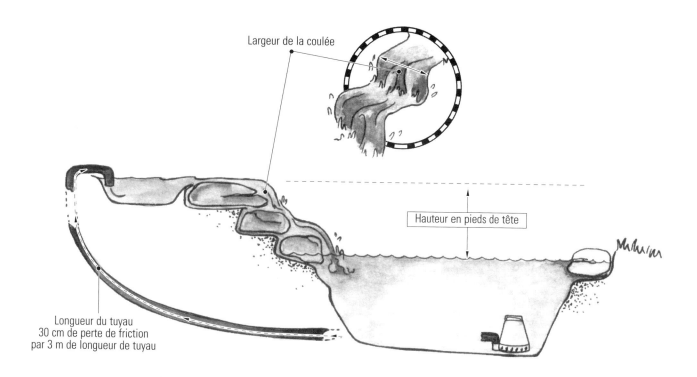

Largeur de la coulée

Hauteur en pieds de tête

Longueur du tuyau
30 cm de perte de friction
par 3 m de longueur de tuyau

77. LES TROIS ÉLÉMENTS POUR DÉTERMINER LE DÉBIT DE LA POMPE

2) La hauteur de la poussée d'eau

Mesurez la hauteur entre la surface du jardin d'eau et le bassin de réception. Cette mesure estime les « pieds de tête » dont il faut tenir compte dans la sélection de la pompe. Les fabricants indiquent toujours la capacité de poussée de chaque pompe selon la hauteur.

Exemple pour une pompe de 13 500 litres/h (A) et une pompe de 15 500 litres/h (B).

Hauteur de la cascade	À 0,30 m de hauteur	À 0,90 m de hauteur	À 1,50 m de hauteur	À 3 m de hauteur
Pompe modèle A	13 500 litres/h	12 500 litres/h	11 500 litres/h	9 500 litres/h
Pompe modèle B	15 500 litres/h	14 500 litres/h	13 500 litres/h	12 500 litres/h

3) La longueur du tuyau et les coudes

Le facteur de friction diminue la capacité de poussée de la pompe. Cet effet est produit par la longueur du tuyau qui amène l'eau du jardin jusqu'au bassin de réception. En ajoutant des « pieds de tête » à votre calcul, soit 0,30 cm pour 3 m de longueur de tuyau, vous compensez cette perte.

Exemple pour une largeur de chute d'eau de 45 cm.

1)	La pompe doit donc amener 13 500 litres/h au bassin de réception	
2)	La hauteur de la cascade est de 90 cm	Hauteur 0,90 m
3)	Le tuyau mesure 6 m de long Ajoutez 2 fois 0,30 cm = 60 cm	Friction 0,60 m
	Le total des « pieds de tête » :	Total 1,50 m

Dans cet exemple, la pompe en mesure de fournir un débit de 13 500 litres/h à 1,50 m de « pieds de tête » est la pompe B.

Annexe 4

LES COÛTS

La conception

Si vous n'êtes pas certain du style à donner à votre jardin aquatique, consultez un professionnel en aménagement. Les prix varient selon les services que vous choisissez.

- Une consultation, soit discuter de votre projet et recueillir quelques idées pour vous guider, peut coûter entre 35 $ et 75 $ l'heure. N'oubliez pas d'inclure les frais de déplacement.

- Une visite du professionnel sur les lieux, complétée par la remise d'un croquis* vous permettant d'entreprendre les travaux vous-même, coûte environ 500 $ ou moins.

- Un plan élaboré**, qui englobe l'aménagement de l'ensemble de la cour en prévision d'harmoniser tous ses éléments, peut coûter entre 500 $ et 1 000 $.

---

* Le croquis consiste en une esquisse de votre aménagement sans mesures précises et sans détails sur la quantité de matériaux et de végétaux.

** Un plan comprend des mesures précises, des options, la quantité de végétaux nécessaire ainsi qu'une estimation de la somme de matériaux requis.

La réalisation

La réalisation peut être confiée à des professionnels, en tout ou en partie.

Vous pouvez exécuter les travaux préliminaires vous-même, comme le creusage et la préparation de la base de la cascade. L'aménagiste vient sur place une journée ou deux pour fixer les membranes, faire les bordures et aménager la cascade. Vous pouvez conclure une entente au sujet du tarif horaire. Tout le monde y trouve son compte !

Certaines entreprises se spécialisent dans la conception, la réalisation et l'intégration des jardins d'eau. Ces équipes mettent en œuvre plus d'un ou deux jardins d'eau par année. Elles travaillent rapidement et vous offrent une garantie solide sur les travaux qu'elles ont effectués. Habituellement, ce type de services se négocie sur la base d'une entente contractuelle.

La construction d'un jardin d'eau est un projet que l'on peut réaliser soi-même. Souvent d'ailleurs, ce projet stimule toute la famille. Il fournit aussi l'occasion de se réunir entre amis. Dans ce contexte, prévoyez un budget pour la pizza, la bière et le barbecue !

Estimation des coûts des matériaux
(Les chiffres sont donnés à titre indicatif seulement)

Le jardin d'eau (10 m²)	Estimation des coûts
Les géosynthétiques (membrane et textiles)	600 $
Les plantes aquatiques essentielles, empotées, fertilisées	300 $
Total	**900 $**

La cascade (1,25 m de large et 1 m de hauteur)	Estimation des coûts
Les géosynthétiques (membrane et textiles)	150 $
La pompe et son tuyau	550 $
Les accessoires électriques réglementaires	50 $
Total	**750 $**

Le marais filtrant (0,50 m²)	Estimation des coûts
Les géosynthétiques	120 $
Le gravier et la terre de plantation	45 $
Les plantes	20 $
Le *Sans-algue*	15 $
Total	**200 $**

Les compléments	Estimation des coûts
Le système d'aération (été/hiver)	250 $
La soupape de remplissage et le tuyau	50 $
Total	**300 $**

L'entretien annuel	Estimation des coûts
Les bactéries pour la saison	25 $
Le fertilisant	25 $
Total	**50 $**

Annexe 5

LES PLANTES AQUATIQUES
ET LES PLANTES DES LIEUX HUMIDES

LES PLANTES SUBMERGÉES

Les **plantes submergées** sont aussi appelées plantes oxygénantes. Le processus de photosynthèse qui se fait durant le jour permet à ces plantes d'émettre de l'oxygène dans l'eau. Ces plantes, en plus d'oxygéner, se nourrissent des minéraux qui sont dans l'eau, participant ainsi au contrôle des algues et à l'épuration de l'eau.

Légende

T : Plante tropicale

T *Bacopa caroliana*
Feuilles rondes et renflées, des petites fleurs couleur lilas. Elle s'utilise en jardin d'eau intérieur. Cette plante peut devenir rampante en milieu humide.

Ceratophyllum demersum
Gracieuse. Excellente pour le frai des poissons. Elle ne se plante pas, elle flotte entre deux eaux. Oxygène la colonne d'eau. Quantité limitée.

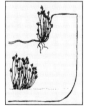

Eleocharis acicularis
Forme un tapis de fines aiguilles vert tendre. Elle s'adapte très bien comme émergente. Elle s'utilise ainsi pour finir les bordures du bassin.

Elodea canadensis
Des tiges minces habillées d'un feuillage vert foncé. Une excellente source d'oxygène pour la colonne d'eau. Elle s'implante rapidement.

Les kois sont particulièrement friands des *Elodea* et du *Myriophyllum*. Utilisez de la moustiquaire en fibre de verre pour fabriquer une grande poche afin d'entourer les plantes et les soustraire à l'appétit des poissons.

Elles favorisent l'oxygénation de l'eau et la clarifie. Par l'action de la lumière sur la chlorophylle, elles transforment, pour leur usage, le bioxyde de carbone de l'eau en hydrate de carbone.

Myriophyllum exalbescens
Un feuillage comme des plumes, les épis près de la surface ont une coloration rouge. Quantité limitée.

Potamogeton pectinatus
Feuillage délicat. Excellente capacité épuratoire. S'achète en bulbe. Quantité limitée. Disponible en juin.

T *Sagittaria subuluta*
De jolis rubans qui montent vers la surface. Une floraison blanche qui émerge au-dessus de l'eau. Pour les jardins d'eau intérieurs.

Valisneria americana
Très élégante, de longs rubans qui peuvent atteindre 30 cm sous l'eau. Une bonne capacité épuratoire.

LES PLANTES FLOTTANTES

Les **plantes flottantes** les plus intéressantes sont annuelles. Elles sont peu coûteuses à l'achat et elles se reproduisent rapidement durant l'été. Ces plantes flottent à fleur d'eau au gré de leur fantaisie.

Elles participent à l'équilibre de l'eau puisque leurs racines flottantes se nourrissent des minéraux contenus dans la colonne d'eau et que leur feuillage ombrage l'eau. Ces deux actions s'avèrent très efficaces pour le contrôle des algues et de l'eau verte.

Elles se nourrissent des matières en suspension dans l'eau et favorisent la croissance des communautés microbiennes dans la colonne d'eau.

Légende

A : Plante annuelle

 **A** *Eichhornia crassipes*
Jacinthe d'eau.
Elle ressemble à une orchidée.
Annuelle.

 **A** *Pistia stratiotes*
Laitue d'eau.
Elle aime les milieux ombragés.
Annuelle.

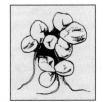 *Lemna minor*
Lentilles d'eau. Vert vif. Minuscules. Les poissons en raffolent. Sans poissons, très envahissant.

 *Hydrocharis morsus-ranae*
Grenouillette.
Une feuille ronde de 2 cm.
Une floraison blanche.

 *Stratiotes aloides*
Aloès d'eau.
Elle flotte entre deux eaux.
Quantité limitée.

> UTILISEZ DES ANNEAUX FLOTTANTS POUR REGROUPER VOS PLANTES FLOTTANTES EN MASSIF, POUR UN EFFET SPECTACULAIRE.

LES PLANTES À FEUILLES FLOTTANTES

Elles ont les racines bien plantées en terre et leurs tiges s'allongent jusqu'à la surface pour porter les feuilles « à fleur d'eau ».

Les **plantes à feuilles flottantes**, tout comme les plantes submergées, sont essentielles à la limpidité de l'eau. Les feuilles font de l'ombre sur l'eau et ainsi la gardent fraîche même durant les grandes chaleurs. Elles servent aussi de refuge aux poissons contre les prédateurs.

L'échange gazeux, qui se fait par les feuilles, a pour effet d'oxygéner le substrat et ainsi accroître l'efficacité des bactéries hétérotrophes qui assimilent les matières organiques accumulées au fond.

Légende

- Le nom du cultivar ;
- Le nom de l'hybrideur ainsi que son année de création ;
- Le développement :
 (P) Petit
 (M) Moyen
 (G) Grand
- ❀ : plante odorante avec un léger parfum ;
- ❀❀ : hybride odorant.

LES PLANTES À FEUILLES FLOTTANTES
~ La pureté du blanc ~

N. Alba
(Variété indigène européenne) (M)
Une variété indigène en Europe. On le retrouve dans les grands lacs et dans les rivières à débit lent. Les fleurs ont une légère fragrance à la première journée de floraison. Les pétales sont larges. Les étamines sont jaunes comme pour l'ensemble des nymphéas. Une belle plante qui s'accommode bien de profondeurs pouvant varier entre 15 cm et 1 m. La racine est vigoureuse et croît horizontalement.

N. x 'Gladstoniana'
(Richardson, 1897) (G)
Une variété américaine qui a remporté le « Award of Merit » en 1911. Un des blancs les plus spectaculaires, avec des fleurs odorantes pouvant atteindre près de 25 cm de diamètre. De grandes feuilles rondes, vert foncé, atteignant jusqu'à 45 cm.

N. x 'Gonnere'
(Marliac, 1914) (M)
D'un blanc éclatant, ce nymphéa à pétales doubles est unique. Les Américains l'ont rebaptisé 'Snowball' (boule de neige). Les fleurs de 15 à 20 cm ressemblent à des pivoines. Les feuilles de forme arrondie demeurent relativement petites et peu envahissantes ; elles sont d'un vert plus pâle que la majorité des hybrides.

N. x 'Marliacea Albida'
(Marliac, 1880) (M) ❣❣
Un remarquable blanc, à floraison abondante et dégageant un agréable parfum. Les fleurs ont de 10 à 13 cm et on note une touche de rose pâle sur les pétales. Les grandes feuilles sont d'un vert intense sur le dessus et le revers est de couleur pourpre.

N. x 'Queen of Whites'
(Circa, 1980) (M) ❣
Un feuillage élégant vert moyen. Des fleurs aux pétales larges et nombreux, en forme de coupe. Une floraison généreuse dégageant un parfum léger. Recommandé pour les jardins d'eau de plus de 5 m² de surface. Une nouveauté australienne.

N. Tuberosa
(Variété indigène) (M)
La variété indigène en Amérique du Nord. De grandes feuilles dont le diamètre peut varier entre 20 et 35 cm, au revers plus pâle, bien nervurées et teintées d'une bande rougeâtre sur le pourtour. Une floraison restreinte à quelques semaines, contrairement aux hybrides dont la floraison est pratiquement continue entre juin et octobre. Utilisé comme couvert et ombrage pour les grands étangs, on complète l'aménagement avec des hybrides à la floraison plus généreuse et plus colorée.

N. x 'Virginalis'
(Marliac, 1910) (M) ❣
Lent à s'établir mais quelle beauté ! Après quelques années, les fleurs peuvent atteindre près de 30 cm. Les nombreux pétales sont larges, la base des sépales a une légère touche de rose et les étamines sont d'un jaune éclatant. Le feuillage vert est teinté de pourpre. Une peu de patience et vous serez comblé.

N. x 'White Wonder'
(Perry D. Slocum) (G)
Floraison abondante. Blanc pur. Des fleurs de 10 à 15 cm. Une trentaine de pétales par fleur. Jeunes feuilles bronze tournant au vert.

LES PLANTES À FEUILLES FLOTTANTES
~ La délicatesse du rose ~

N. x 'American Star'
(Slocum, 1985) (M)
Une introduction américaine. Une plante vigoureuse et florifère. Une fleur remarquable avec de longs pétales étroits, en forme d'étoile. La pointe du pétale est blanche, et un rose délicat teinte le centre pour s'intensifier vers la base de la corolle. Les étamines sont jaune citron. Les jeunes feuilles pourpre tournent graduellement au vert, tout en conservant une teinte rougeâtre sur le dessous.

N. x 'Amabilis'
(Marliac, 1921) (G)
Une variété magnifique. Une grande fleur étoilée de 25 cm bien à plat sur l'eau. Un rose subtil tirant sur le saumon. Les étamines jaunes prennent une coloration orangée avec l'âge. Des feuilles bien découpées tirant sur le vert olive. Les fleurs demeurent ouvertes jusqu'en début de soirée. Beaucoup d'espace pour atteindre son plein développement. (Pink Marvel)

LES PLANTES À FEUILLES FLOTTANTES
~ La délicatesse du rose (suite) ~

N. odorata x 'Firecrest'
(Circa, 1930) (M) ♥♥
Un hybride américain. Une floraison très parfumée qui débute tôt au printemps. Les étamines tirant sur l'orangé se terminent par une pointe rouge ; elles se tiennent bien droites dans le centre de la fleur qui repose à plat sur l'eau. Ce nymphéa tire son nom de ses fleurs d'un rose soutenu et de ses feuilles qui ont une coloration pourpre.

N. x 'Gloire de Temple-sur-Lot'
(Marliac, 1913) (M) ♥
Légèrement odorant, les fleurs à pétales doubles (80 à 100) ont un aspect « papier gaufré » des plus intéressants. Les multiples pétales étroits et recourbés rappellent le chrysanthème. Des fleurs d'un rose très pâle qui tourne au blanc à la troisième journée. Quoique lent à fleurir, sa rareté et ses particularités en font une plante de collection. Marliac lui-même l'avait baptisée « la reine des nymphées ».

N. laydekeri x 'Lilacea'
(Marliac, 1895) (P)
Une variété miniature, la fleur atteint 6 cm. Un rose tendre qui prend une teinte plus foncée en vieillissant. Les étamines sont d'un jaune clair et les sépales vert foncé sont délicatement bordés de rose. Florifère. Intéressant pour le jardin d'eau en petit contenant.

N. x 'Lucida'
(Marliac, 1894) (M)
Des pétales étoilés rose pâle s'intensifiant vers le centre. Les sépales et les pétales extérieurs sont blancs avec une touche de rose. Les étamines sont orange. Les feuilles vertes sont marquées de bourgogne.

N. x 'Madame Wilfron Gonnere'
(Marliac, 1924) (M)
Un des rares nymphéas à pétales doubles (27 à 32). Une fleur en forme de coupe. Des pétales à la pointe presque blanche, avec une coloration rose s'intensifiant vers le centre, et des sépales verts. On l'a souvent comparé à la fleur de camélia. Des petites feuilles toutes rondes et vertes. Une excellente floraison avec une légère fragrance sucrée. Remarquable.

N. x 'Marliacea Carnea'
(Marliac, 1887) (G)
Aussi appelé 'Gloire du Matin', cet hybride est vigoureux. Il s'établit rapidement et il est très prolifique. Ses fleurs d'un rose carné, en forme d'étoile, peuvent atteindre jusqu'à 20 cm. Les premiers mois, la floraison est blanche. Avec le temps, ce nymphéa développe une touche de rose assez soutenu à la base des pétales. Excellent en fleur coupée, il dégage une odeur de vanille.

N. x 'Norma Geyde'
(Geyde, 1973) (M)
De grandes fleurs, aux nombreux pétales d'un rose intense. Des feuilles bien rondes, vert olive. Une floraison abondante et qui s'étend sur une plus longue période de temps que l'ensemble des autres nymphéas.

N. x 'Pearl of the Pool'
(Slocum, 1946) (M)
Ses 32 pétales le classent parmi les nymphéas à fleur double. Le premier hybride à être breveté. Des fleurs rose clair qui peuvent atteindre jusqu'à 15 cm de diamètre. On dirait qu'elles sont saupoudrées de sucre glace. Les feuilles rondes ont une coloration cuivrée sur le revers.

N. x 'Pink Sensation'
(Slocum, 1948) (M) ♥♥
Des fleurs superbes (20 cm) qui se tiennent au-dessus de l'eau et qui restent ouvertes tard en fin de journée. Des pétales ovales pouvant atteindre 10 cm de long. Elle dégage un parfum agréable et fleurit généreusement. Un feuillage vert foncé avec une coloration rougeâtre sur le revers.

N. x 'Ray Davies'
(Slocum, 1986) (M)
Ce splendide hybride convient parfaitement aux grands espaces. Une fleur double pouvant compter entre 32 et 57 pétales d'un rose bien marqué à la base et presque blanc sur les pétales extérieurs. Le centre est d'un jaune vif très contrastant. Un doux parfum s'en dégage.

N. x 'Rose Arey'
(Fowler, 1913) (M) ♥♥
Un des meilleurs hybrides parmi les rose foncé. Une belle grande fleur aux pétales en forme d'étoile. Très odorant, avec un parfum qui peut rappeler l'anis. Lent à s'établir mais il donnera satisfaction aux connaisseurs. Idéal pour les petits bassins.
« Award of Merit » en 1937.

N. x 'Somptuosa'
(Marliac, 1909) (M) ♥
Une floraison qui commence tôt en saison. Une fragrance douce et une grande fleur de 13 cm au rose intense en forme de coupe. Un nymphéa idéal pour la croissance en contenant.

LES PLANTES À FEUILLES FLOTTANTES
~ L'éclat du rouge ~

N. x 'Attraction'
(Marliac, 1910) (G) ❣
Comme son nom l'indique, c'est une variété très attractive. La coloration de la floraison varie avec la maturité du plant. Les jeunes plants ont une floraison très pâle et, avec l'âge, le rouge va prendre de la vigueur et tourner au grenat. Les pétales sont saupoudrés de blanc. Les sépales sont blancs et légèrement teintés de rose. Un plant qui donne pleine satisfaction dans les grands espaces.

N. x 'Burgundy Princess'
(USA) (P)
Plant à petit développement.
Rouge foncé.

N. x 'Charles de Meurville'
(Marliac, Circa, 1930) (G) ❣
Une floraison tôt en saison. Un hybride vigoureux et florifère. Des fleurs rouge vin de 25 cm, avec des lignes blanches. Un immense feuillage vert olive, de forme allongée.

N. x 'Conqueror'
(Marliac, 1910) (G)
Le jeune feuillage est pourpre et change graduellement vers le vert. Une variété très florifère. Une grande fleur en forme de coupe, aux pétales cramoisis, incurvés et tachetés de blanc. Des étamines jaune clair qui deviennent plus foncées vers le cœur de la corolle.

N. x 'Ellisiana'
(Marliac, 1896) (P)
De petites fleurs de 9 cm, rouge vin, produites en abondance. Les sépales demeurent bien à plat sur l'eau tandis que les pétales se tiennent tout droit. Un hybride facile et fiable qui s'est vu décerner un « Award of Merit » en 1897.

N. x 'Escarboucle'
(Marliac, 1909) (G) ❣
Une vraie merveille. Un des hybrides les plus recherchés pour sa couleur, sa constance et sa vigueur. De grandes fleurs de 20 à 25 cm, d'un beau vermillon qui s'intensifie avec l'âge. Un parfum épicé. De grandes feuilles cuivrées qui prennent une coloration vert clair avec le temps. Donne son plein rendement dans un grand espace. ('Aflame')

N. x 'Gloriosa'
(Marliac, 1896) (M)
Cet hybride est tolérant à un milieu légèrement ombragé et a de grandes capacités d'adaptation. De belles fleurs qui rappellent celles du *N. x* 'Escarboucle'. Un beau vermillon qui s'intensifie avec l'âge.
Aussi appelé 'Glory'.

N. x 'James Brydon'
(Dreer, 1900) (M) ❣❣
Tellement unique qu'il est difficile de lui rendre justice avec des mots. De larges pétales concaves et incurvés, allant du rose intense au rouge carmin. Une fleur rappelant la pivoine et d'un parfum agréable. Cet hybride s'adapte aussi bien à la plantation en contenant qu'en étang.

N. laydekeri x 'Purpurata'
(Marliac, 1895) (P)
Une étoile éclatante. Un feuillage marqué de taches marron. Des pétales rouge vermillon saupoudrés de blanc. Des étamines orange vif. Idéal pour les jardins d'eau en contenant.

N. x 'Mayla'
(États-Unis, 1995) (M)
Couleur vive tirant sur le fuchsia.

N. x 'Opale noire'
(USA) (M)
Une floraison étonnante, rouge tellement foncé qu'on le dirait noir sur les fleurs plus âgées.

N. pygmaea x 'Rubra'
(Inconnu) (P)
Une toute petite fleur de 6 cm, couleur rouge sang. Les pétales extérieurs sont blancs teintés de rose ; avec l'âge, ils deviennent rouge foncé. Les étamines sont orangées. Propagation très lente. Idéal pour les jardins en contenant. Quantité limitée.

N. x 'Red Wonder'
(Slocum, 1989) (M)
Une variété récente. Un rouge éclatant qui n'est pas sans rappeler le 'Gloriosa'. Une fleur aux pétales allongés en forme d'étoile. D'implantation facile, elle fleurit généreusement.

N. x 'Sultan'
(Marliac, 1910) (G)
Une floraison prolifique et d'implantation facile. Cette variété offre de grandes fleurs en forme de coupe, dans des teintes de rouge cerise. Un feuillage vert foncé.

N. x 'William Falconer'
(Dreer, 1900) (M)
Un feuillage pourpre veiné de rouge tournant au vert avec l'âge. Des fleurs de 15 cm au rouge intense, un cœur jaune vif et des étamines tirant sur l'orangé.

LES PLANTES À FEUILLES FLOTTANTES
~ L'ingéniosité du jaune ~

N. x 'Charlene Strawn'
(Strawn, 1969) (M) ♣♣
Jusqu'à 30 pétales d'un beau jaune pâle légèrement citronné, en forme d'étoile. Des étamines d'un jaune plus intense. Des feuilles marbrées de pourpre et des fleurs qui se tiennent quelques centimètres au-dessus de l'eau. Une longue saison de floraison et une légère fragrance en font un hybride des plus intéressants.

N. x 'Colonel A. J. Welch'
(Marliac, 1901) (G)
Une fleur jaune canari qui se tient au-dessus de l'eau. Cet hybride produit une impressionnante quantité de feuilles d'un beau vert parsemé de marron. Très utile pour ombrager de grandes surfaces. Une variété vigoureuse qui s'établit facilement.

N. x 'Marliacea Chromatella'
(Marliac, 1887) (G)
Un des plus anciens hybrides et un des plus fiables. De grandes fleurs de près de 15 cm qui demeurent ouvertes tard en fin de journée. De larges pétales incurvés, d'une douce coloration jaune canari, entourent des étamines pratiquement dorées. Les sépales sont d'un jaune plus pâle avec une note de rose. Le feuillage vert foncé est fortement marqué de marron. Très rustique, il tolère même un peu d'ombre.

N. odorata x 'Sulphurea'
(Marliac, 1879) (G)
De grandes fleurs jaune clair comme le soufre, composées de fins pétales en forme de coupe. Des feuilles de dimension moyenne marquées de taches chocolat et d'une coloration rouge au revers. Pour une bonne floraison, plantez en eau peu profonde.

N. pygmaea x 'Helvola'
(Marliac, 1879) (P)
Minuscule mais très florifère. Vulnérable au gel. Idéal pour les jardins d'eau en contenant, les jardins d'eau miniatures. Une fleur étoilée, jaune canari, aux étamines orangées.

N. x 'Sunrise' ('Sulphurea Grandiflora')
(Marliac, 1888) (G) ♣
Une version améliorée de celle créée en 1879 sous le nom de *N. x odorata* 'Sulphurea'. Cet hybride s'est vu décerner un « Award of Merit » en 1898. C'est vers 1930 que cet hybride français a été rebaptisé aux États-Unis sous le nom de 'Sunrise'.
Une très grande fleur parfumée qui demande beaucoup de soleil et de chaleur pour s'épanouir. Elle se tient au-dessus de l'eau. Pour le distinguer du *nymphaea x* 'Sulphurea', on notera la présence de pubescence sous le revers des feuilles et sur la tige.

N. x 'Texas Dawn'
(Landon, 1985) (M) ♣♣
Une beauté éclatante. Une fleur qui se tient plusieurs centimètres au-dessus de l'eau. Un jaune vif, le cœur orange, les pétales en forme d'étoile, elle se remarque de loin. Un feuillage vert clair marqué de belles touches marron. Et comme l'ensemble des nymphéas à fleurs jaunes, la floraison s'étend jusqu'aux premières gelées.

N. x 'Colorado'
(Strawn) (M)
Une nouveauté. Fleurs saumon.

LES PLANTES À FEUILLES FLOTTANTES
~ La surprise des couleurs changeantes ~

N. x 'Aurora'
(Marliac, 1895) (P)
L'aurore. Les bourgeons sont crème et s'ouvrent sur une teinte différente chaque matin. La fleur passe du jaune à l'orange puis au rouge rubis. Un feuillage bien marqué de marron. Une floraison prolifique lorsque planté en eau peu profonde, et restreinte en contenant.

N. x 'Comanche'
(Marliac, 1908) (P)
L'arc-en-ciel. Des fleurs qui se tiennent au-dessus de l'eau. Du jaune abricot à l'orange pour se rendre au rouge cuivré. Les jeunes feuilles sont pourpre, pour tourner au vert tacheté de marron. Des racines exigeantes en espace.

N. x 'Graziella'
(Marliac, 1904) (P)
Une variété très élégante. Des fleurs jouant dans les tons de rouge et d'orangé. Des feuilles vert olive, parsemées de brun et de pourpre. À utiliser dans les jardins d'eau en contenant.

N. x 'Sioux'
(Marliac, 1908) (P)
Le premier matin, la fleur est jaune pâle, puis elle prend une coloration orange qui s'intensifie pour aller vers le rouge cuivré. Les fleurs aux pétales pointus entourent des étamines jaune foncé. Un très beau feuillage vert forêt avec des marbrures chocolat.

D'AUTRES PLANTES À FEUILLES FLOTTANTES

Nelumbo 'Carolina Queen'
Un rose délicat.
Des fleurs qui se tiennent bien au-dessus des feuilles.

Nelumbo 'Perry's Giant Sunburst'
Un jaune délicat.
Des fleurs de 25 à 30 cm.
Nouveau et différent.

Nelumbo 'Mrs P. D. Slocum'
(Slocum, 1965)
Sans conteste, un des plus impressionnants lotus.
De grandes fleurs doubles qui peuvent atteindre jusqu'à
30 cm de diamètre.
Des fleurs roses qui passent au crème.

Nelumbo rosea plena
De grandes fleurs d'un rose très intense.
Une floraison à pétales doubles.

Nelumbo 'Maggie Belle'
De belles fleurs rose lilas, pouvant atteindre 25 cm.
Une floraison généreuse.

Aponogeton dystachyos
(Originaire d'Afrique)
Une fleur blanche, des anthères noires, un fort parfum de
vanille, des feuilles en forme de lames. Une floraison au
printemps et à l'automne. Dans les grandes chaleurs de
juillet, les fleurs et même le feuillage disparaissent. Une
plante idéale pour les lieux ombragés.

Nuphar variegatum
(Variété indigène)
Le *nuphar* ou nénuphar fait aussi partie de la famille des
nymphéacées, comme les lotus et les nymphéas. Un
feuillage vert tendre, une petite fleur orangée. S'utilise
dans les endroits où les nymphéas ne peuvent s'implanter.

Nymphoides peltata
On dirait un nymphéa miniature. Des feuilles dentelées
de 3 à 4 cm de diamètre, une petite fleur jaune vif. Très
envahissant, à proscrire en milieu naturel ; seule la
profondeur le contrôle. Très intéressant en jardin d'eau
miniature ou en contenant.

LES PLANTES DES LIEUX HUMIDES

Les plantes des lieux humides sont un complément
important dans l'aménagement d'un jardin. Votre goût sera le
principal critère de sélection pour la plate-bande submergée.
Ces végétaux sont intéressants tant par la diversité de leur
feuillage que par leurs couleurs et leurs périodes de floraison
variées. L'effet sera plus marqué si ces plantes sont plantées en
massif. C'est utilisées en marais filtrant qu'elles donnent leur
pleine mesure en épuration d'eau.

Légende

P **Palustre.** Les **plantes palustres** s'utilisent dans le jardin
d'eau ou dans la roselière, c'est-à-dire avec 5 à 15 cm
d'eau par-dessus le pot ou le collet.

R **Riveraine.** Les plantes hydrophiles préfèrent les sols
humides, mais ne tolèrent pas les sols inondés. On situera
ces plantes sur la rive. Des **plantes riveraines** pour le
jardin humide, les zones marécageuses, les rives d'étangs
où le niveau de l'eau est stable.

B **Bordure.** Les **plantes de bordure** sont attirées par
l'humidité (hygrophiles) et elles ont la capacité de
s'adapter en milieu plus sec.

↑	Hauteur du feuillage à maturité
—	Niveau d'eau par-dessus le pot ou le collet de croissance
①	Zone de rusticité indiquée par un cercle avec un nombre
T	Tropicale
○	Ensoleillé
◐	Mi-ombragé
●	Ombragé
≋	Rôle épuratoire spécifique
	Période de floraison
	Couleur de floraison
	Recommandée pour les marais filtrants

P *Acorus calamus*
⬆️ 60 cm ➖ 5 à 15 cm ③ ○ 〰️
Été / Vert.
Feuillage vert foncé et odorant.
Floraison sans intérêt.

P *Acorus calamus* 'Variegatus'
⬆️ 60 cm ➖ 5 à 15 cm ④ ○ 〰️
Été / Vert.
Élégant feuillage vert et blanc.
Floraison sans intérêt.

P *Alisma parviflorum*
⬆️ 45 cm ➖ 0 à 5 cm ④ ○
Été / Rose et blanc.
Feuillage rond et vert foncé.
Variété nord-américaine rare.

P *Alisma plantago-aquaticum*
⬆️ 60 cm ➖ 0 à 5 cm ② ○
Été / Blanc sur rose.
Plante vigoureuse au feuillage ovale.
Elle peut devenir envahissante.

R *Asclepias incarnata*
⬆️ 1 m ③ ○
Été / Rose intense.
Une inflorescence remarquable par sa couleur.
Difficile à établir.

P *Butomus umbellatus*
⬆️ 75 cm ➖ 5 à 15 cm ③ ○ 〰️
Été / Rose intense.
Feuillage étroit. Des fleurs roses en
ombelles qui durent près d'un mois.

P **T** *Cyperus diffusus*
⬆️ 45 à 60 cm ➖ 0 à 5 cm ○ ◐
Hiver / Épillets.
Feuillage gracieux.
Excellente plante d'intérieur pour l'hiver.

P **T** *Cyperus haspan*
⬆️ 60 cm ➖ 0 à 5 cm ○ ◐
Hiver / Vert pâle.
Le papyrus nain.
Masse de feuilles légères au bout d'une tige
mince.

P *Calla palustris*
⬆️ 15 cm ➖ 5 à 15 cm ② ○ ◐
Été / Spathe blanche.
Un feuillage rampant en forme de cœur.
Aime les milieux acides.

P *Caltha palustris*
⬆️ 45 cm ➖ 0 à 5 cm ③ ○ ◐
Printemps / Jaune éclatant.
Feuillage rond et dentelé.
À tailler complètement en août.

P *Carex sp.*
⬆️ 15 à 60 cm ➖ 0 à 5 cm ③ ○ ◐ 〰️
Été / Brun.
Graminées. Plusieurs variétés disponibles.
Se reproduit très rapidement et peut tolérer des
conditions très variables d'environnement.

R **T** *Colocasia antiquorum*
⬆️ 60 à 90 cm ○
Hiver.
Le taro impérial.
Les feuilles sont marquées de violet.
Excellente plante d'intérieur.

R **T** *Colocasia esculenta*
⬆️ 60 à 90 cm ○
Hiver.
L'oreille d'éléphant.
Un taro superbe aux grandes feuilles vertes.

P **T** *Cyperus alternifolius*
⬆️ 90 cm à 1,20 m ➖ 0 à 5 cm ○ ◐
Hiver / Épillets.
Heureuse dans l'eau durant l'été.
Excellente plante d'intérieur pour l'hiver.

B **H** *Gunnera manicata*
⬆️ 2 m ⑥ ◐ ●
Été / Cône vert brun.
D'immenses feuilles fortement dentelées.
Solide protection hivernale.

B *Houttuynia cordata* 'Chameleon'
⬆️ 20 à 30 cm ④ ○ ◐
Automne / Blanc.
Feuillage tricolore, rouge, jaune et vert sur
des tiges rouges.

P **T** *Cyperus papyrus*
⬆ 3 m ⬇ 0 à 5 cm ○ ◑
Hiver / Vert.
Papyrus géant.
Le papyrus des Égyptiens, celui avec lequel on faisait le papier.

P *Eleocharis acicularis*
⬆ 6 cm ⬇ 0 à 5 cm ① ○ ◑ ≋
Été / Épillet blanchâtre.
Forme un tapis de fines aiguilles. S'utilise pour finir les bordures de bassin. À la manière d'un filtre, la densité de ses tiges offre une grande surface d'adhésion aux bactéries.

P *Eleocharis palustris*
⬆ 30 à 60 cm ⬇ 0 à 5 cm ① ○ ◑ ≋
Été / Épillet brun.
Tige ronde, robuste et mince. Forme des massifs denses. Ses tiges offrent un bon support aux insectes et aux bactéries.

R *Eriophorum angustifolium*
⬆ 30 cm ⬇ 0 à 5 cm ① ○ ≋
Printemps / Caboche blanche.
De fins poils blancs font office de corolle et la font ressembler à une fleur de coton.

P *Equisetum hyemale*
⬆ 50 cm ⬇ 5 à 15 cm ③ ○ ◑ ≋
Printemps / Cône brun.
Tige mince et rigide avec des joints qui rappellent le bambou.

R **B** *Eupatorium purpureum*
⬆ 1,50 m ③ ○ ◑
Automne / Rouge pourpre.
Tige rouge, feuilles opposées, lancéolées.
Multiples usages.

P **R** *Glyceria aquatica* '**Variegata**'
⬆ 60 cm ⬇ 0 à 5 cm ④ ○ ◑ ≋
Été / Graminée.
Feuillage long et mince, rayé vert et blanc, avec une ligne rose au printemps.

P **R** *Iris versicolore*
⬆ 60 cm ⬇ 0 à 5 cm ③ ○ ≋
Été / Bleu pâle et jaune.
Les rhizomes exercent une action dépolluante en accumulant, dans leurs tissus, les métaux lourds tels que le mercure et le plomb.

P *Hydrocotyle vulgaris*
⬆ 10 à 15 cm ⬇ 0 à 5 cm ③ ○
Été / Blanc.
Plante rampante aux feuilles rondes et délicatement dentelées.

B **R** **T** *Hymenocallis caribaea*
⬆ 30 cm ○
Été / Blanc.
Une fleur odorante et étonnante par sa forme.
Son surnom d'araignée lui vient de ses longues feuilles retombantes.

P **R** *Iris* '**Black Gamecock**'
⬆ 60 cm ⬇ 0 à 5 cm ④ ○ ≋
Été / Bleu noir.

P **R** *Iris* '**Gerald Derby**'
⬆ 60 cm ⬇ 0 à 5 cm ④ ○ ≋
Été / Mauve, ligne jaune.

P **R** *Iris* '**Midnight blue**'
⬆ 60 cm ⬇ 0 à 5 cm ④ ○ ≋
Été / Bleu foncé.

P **R** *Iris pseudacorus*
⬆ 90 cm ⬇ 0 à 5 cm ③ ○ ≋
Été / Jaune.

B *Iris sibirica*
⬆ 60 cm ③ ○ ≋
Été / Blanc / Bleu / Rose.
Un feuillage mince qui rappelle celui des graminées.
S'utilise en fleurs coupées.

R *Lysimachia thrysiflora*
⬆ 50 à 70 cm ③ ○ ◑ ≋
Été / Jaune rouille.
Variété de lysimache à tige dressée portant des petites fleurs en grappes denses.

P R *Iris versicolore* 'Kermesina'
↑ 60 cm ⊟ 0 à 5 cm ③ ○ ≈
Été / Bleu veiné blanc.

P R *Juncus effusus*
↑ 60 cm ⊟ 5 à 15 cm ② ○ ◐ ≈
Été / Vert pâle.
Pousse en massif. Tige pleine et spongieuse.
Fleurs discrètes attachées sur le côté.
Se reproduit rapidement et tolère des conditions très variables d'environnement.

R P T *Juncus effusus spiralis*
↑ 30 cm ⊟ 0 à 5 cm ⑤ ○
Été / Vert pâle.
Tiges pleines, enroulées comme un tire-bouchon.
Ne supporte pas le gel.

R B H *Lobelia cardinalis*
↑ 80 à 100 cm ③ ○ ◐
Automne / Rouge.
Tiges vertes, fleurs d'un rouge éclatant.
Bien protéger pour l'hiver.

R B H *Lobelia fulgens*
↑ 80 à 100 cm ④ ○ ◐
Automne / Rouge.
Tige et feuillage pourpre et fleurs rouges.
Bien protéger pour l'hiver.

R T *Lymnocharis flava*
↑ 30 cm ○
Été / Jaune.
Un membre de la famille des orchidées.
Feuillage duveteux, vert tendre.

P R B *Lysimachia nummularia*
↑ 8 cm ③ ○ ◐ ●
Été / Jaune.
Un feuillage rampant aux multiples usages.
En bordure, dans l'eau et même sous l'eau.

B *Lysimachia punctata*
↑ 60 à 100 cm ③ ○ ◐ ≈
Été / Jaune.
À utiliser en massif sur le pourtour du bassin.
Plante rare.

P R *Mentha aquatica*
↑ 30 à 60 cm ⊟ 0 à 5 cm ③ ○ ◐ ●
Été / Lilas mauve.
S'implante facilement.
Délicieux en salade
et en sauce pour accompagner l'agneau.

P *Menyanthes trifoliata*
↑ 30 à 40 cm ⊟ 5 à 15 cm ① ○
Printemps / Blanc avec rose.
Feuillage rampant de couleur vert olive.
Camoufle bien les bordures de bassin.

P R *Myosotis palustris*
↑ 20 à 30 cm ⊟ 0 à 5 cm ④ ○ ◐
Printemps / Bleu pâle.
Délicat et florifère.
Myosotis veut dire « oreilles de souris ».
Synonyme : *Myosotis scropioides*.

P R *Nasturtium aquaticum*
↑ 15 cm ⊟ 0 à 5 cm ⑤ ○ ◐ ●
Été / Blanc.
Fin feuillage rampant avec de minuscules
fleurs blanches.
Cresson d'eau.

P *Orontium aquaticum*
↑ 15 à 25 cm ⊟ 15 à 30 cm ⑥ ○
Été / Jaune.
Un beau feuillage velouté, bleu vert.
Une floraison jaune sur une tige blanche.
Lent à s'établir.

P *Peltandra virginica*
↑ 30 à 60 cm ⊟ 5 à 15 cm ⑤ ○ ◐
Été / Vert.
De belles grandes feuilles d'un vert éclatant et
en forme de flèche.

P R B *Phalaris arundinacea* 'Picta'
↑ 75 cm ⊟ 0 à 5 cm ③ ○ ◐ ≈
Automne / Graminée. Graminée aquatique au
feuillage vert ligné de blanc. S'implante
facilement. Efficace comme barrière filtrante
pour empêcher la surminéralisation des étangs.

P R B *Phragmites australis (communis)*
↑ 1,80 à 2,50 m ⊟ 15 à 30 cm ③ ○ ≈
Automne / Violet.
Roseau. Graminée magnifique aux plumes de
couleur pourpre ou violette. Excellente pour
l'épuration des eaux usées.
Synonyme : *Phragmites communis*. Plante à
toute épreuve. Elle oxyde les sédiments et
produit une grande quantité de biomasse.

 P R *Phragmites australis* 'Variegatus'
⬆ 1,50 à 2 m ▭ 5 à 15 cm ③ ○ ≋
Automne / Beige.
Plante rare.
Variété panachée du roseau.
Floraison comme des plumes.

 P *Pontederia cordata*
⬆ 45 à 60 cm ▭ 5 à 15 cm ④ ○ ≋
Automne / Mauve.
Des feuilles en forme de cœur.
Une floraison mauve sur un épi.
Tolère un haut niveau d'alcalinité.

 P *Ranunculus lingua*
⬆ 60 cm ▭ 5 à 15 cm ③ ○ ◑ ≋
Été / Jaune.
De longues feuilles ovales, vert foncé.
Une fleur comme le bouton d'or.

 P R *Sagittaria latifolia*
⬆ 45 cm ▭ 15 à 30 cm ② ○ ◑ ● ≋
Été / Blanc, cœur foncé.
Des feuilles en forme de flèche. Un des mets favoris des canards. Végétation tardive. Efficace pour absorber le phosphore.

 P R *Saururus cernuus*
⬆ 30 à 50 cm ▭ 0 à 5 cm ⑤ ○ ◑
Été / Blanc.
Des feuilles en forme de cœur.
Un feuillage bas et des fleurs retombantes.

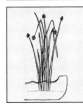 P R *Scirpus lacustris*
⬆ 0,90 à 1,20 m ▭ 15 à 30 cm ② ○ ◑ ≋
Été / Épillets.
Grandes tiges rondes, vert bleu. À utiliser comme écran.
S'accomode de conditions variables d'environnement.
Ses tiges longues et creuses permettent l'oxygénation constante du substrat même sous la neige. Peut réduire les bactéries coliformes de 90 % à 99 % et la salmonelle de 94 % à 96 %. Produit une grande quantité de biomasse.

 P R *Scirpus lacustris tabernaemontani* 'Albescens'
⬆ 0,90 à 1,20 m ▭ 15 à 30 cm ④ ○ ≋
Été / Épillets.
Tiges rondes, vert tendre, lignées de blanc. S'accomode de conditions variables d'environnement. Ses tiges longues et creuses permettent l'oxygénation constante du substrat même sous la neige. Peut réduire les bactéries coliformes de 90 % à 99 % et la salmonelle de 94 % à 96 %. Produit une grande quantité de biomasse.

 P R *Scirpus lacustris tabernaemontani* 'Zebrinus'
⬆ 60 à 75 cm ▭ 5 à 15 cm ④ ○ ≋
Été / Épillets.
Tige ronde, rayures blanches et vertes.
Un épillet brunâtre.

 P R *Sparganium eurycarpum*
⬆ 60 à 90 cm ▭ 15 à 30 cm ② ○ ≋
Été / Blanc brun.
Tige dressée. Fleurs en forme de boules de couleur blanche et brune. Se propage facilement et s'adapte à diverses conditions d'environnement.

 P R H *Thalia dealbata*
⬆ 1 m ▭ 0 à 5 cm ⑥ ○
Été / Rose pourpre.
Une tige mince. Une feuille de forme allongée, gris vert, et une fleur au bout d'une longue tige.

 P R *Typha augustifolia*
⬆ 90 cm ▭ 5 à 15 cm ③ ○ ≋
Été / Épi brun.
La quenouille à feuilles étroites. Feuillage élégant. Peut réduire les coliformes fécaux jusqu'à 86 % et la salmonelle jusqu'à 96 %.
Les longues tiges assurent l'oxygénation du substrat. Produit beaucoup de biomasse.

 P R *Typha latifolia*
⬆ 1 à 1,30 m ▭ 15 à 30 cm ③ ○ ≋
Été / Épi brun.
De grandes feuilles rappelant les graminées.
Un épi de 2 cm de diamètre et de 15 cm de long. Peut réduire les coliformes fécaux jusqu'à 86 % et la salmonelle jusqu'à 96 %.
Les longues tiges assurent l'oxygénation du substrat. Produit beaucoup de biomasse.

 R *Typha minima*
⬆ 30 à 60 cm ④ ○
Été / Brun.
Feuillage rond et étroit, très délicat.
Son inflorescence est de forme arrondie et brune.

 R T *Zantedeschia aethiopica*
⬆ 30 à 90 cm ○ ◑
Hiver / Blanc.
Un feuillage glacé, en forme de flèche.
Fleurit très bien à l'intérieur. Spathe blanc.

Annexe 6

LES GRENOUILLES

Famille des Bufinidés	Famille des Hylidés	Famille des Ranidés
Peau verruqueuse	Ventouses au bout des doigts	Cinq doigts palmés
Tubercules métatarsiens	Disque adhésif ou coussinet	Palme ou membrane inter-digitale
Vie terrestre	Vie arboricole	Vie aquatique
Crapaud d'Amérique	Rainette faux-grillon (très rare) Rainette crucifère Rainette versicolore (menacée)	Grenouille verte Grenouille léopard Grenouille du Nord Grenouille des bois Grenouille des marais (mena-cée) Ouaouaron (rare à certains endroits)

Description verbale des coassements d'anoures

• Crapaud d'Amérique	Un très long trille musical : « prrr ».
• Rainette versicolore	Un trille court, vibrant et musical.
• Rainette crucifère	Un trille aigu et puissant : « piiip ».
• Rainette (faux-grillon) de l'Ouest et boréale	Un trille ascendant, comme le bruit du glissement d'un ongle sur un peigne.
• Grenouille des bois	Ressemble au cri du canard : « ha-ak, ha-ak ».
• Grenouille léopard	Ressemble au bruit du frottement de mains mouillées sur un ballon.
• Grenouille des marais	Ressemble à des ronflements.
• Grenouille verte	Se compare au pincement d'une corde d'un banjo trop lâche.
• Grenouille du Nord	Rappelle le son de chevaux au trot : « touk, touk, touk ».
• Ouaouaron	Un « oua-oua-ron », « ron-ron-ron » ou « jug-a-rrrum » long et grave.

GLOSSAIRE

Algicide
Produit chimique qui sert à détruire les algues. Souvent à base de sulfate de cuivre.

Biotope
Aire géographique de dimensions variables, souvent très petites, offrant des conditions constantes ou cycliques aux espèces constituant la biocénose.

Bourrelet de rétention
Constitué d'un petit monticule de terre sous la membrane, le bourrelet permet de séparer la terre ferme et l'eau du bassin.

Clé d'ancrage
Technique utilisée pour ancrer les géosynthétiques dans le sol.

Colonne d'eau
Masse de fluide affectant un axe vertical. L'eau du bassin.

Eau stagnante
Eau qui ne s'écoule pas. N'est pas synonyme d'eau corrompue ou polluée.

Écosystème
Milieu naturel. Interactions constantes entre l'environnement physique et les êtres vivants.

Effet capteur solaire
Les roches de l'aménagement aquatique (bordure et cascade) exposées au soleil emmagasinent la chaleur et réchauffent l'eau avec laquelle elles sont en contact.

Effet de mèche
Le textile, en contact avec l'eau d'un côté et le sol à l'extérieur du bassin, sert de conducteur entre les deux. Le sol est humidifié en permanence et le niveau du bassin baisse rapidement.

Étang
Étendue d'eau stagnante, naturelle ou artificielle, peu profonde, de surface généralement inférieure à celle d'un lac.

Hydrophile
Qui a de l'affinité pour l'eau.

Lac
Grande étendue d'eau intérieure, généralement de l'eau douce.

Lacustre
Qui vit sur les bords ou dans les eaux d'un lac. De *lacus*.

Marais
Milieux humides caractérisés par des eaux stagnantes avec un niveau variable selon les saisons et une végétation aquatique très riche.

Mare
Petit amas d'eau dormante.

Marécage
Milieu humide boisé d'arbres et d'arbustes. Étendue de terrain recouverte de marais.

Mil
(épaisseur de membrane)

Mesure en millième de centimètre pour évaluer l'épaisseur d'une membrane.

Oligo-élément

Élément chimique nécessaire, à l'état de traces, à la croissance ou à la vie des animaux et des végétaux.

Palustre

Qui vit ou croît dans les marais.

Rhizosphère

Système de racines.

Rive

Du latin *ripa*. Bande de terre qui borde une étendue d'eau ; berge.

Riveraine

Qui est situé le long d'une rivière. On utilise souvent ce terme pour parler des plantes de rives.

Roselière

Lieu couvert de roseaux, en bordure des plans d'eau. Zone d'épuration.

Tourbière

Marécage acide à sphaignes où se forme la tourbe.

BIBLIOGRAPHIE

ANDREWS, Chris. *Koi and Fancy Goldfish*, Tetra Press, Allemagne, 31 p.

ARCHER-WILLS, Anthony. *The Water Gardener*, Frances Lincoln Limited, England, 1993, 192 p.

ARNOUX, Jean-Claude. *Le grand livre des jardins d'eau*, Bordas Jardins, Paris, 1995, 216 p.

BREWSTER, B., J. CUVELIER, M. DAVIES, D. EVANS, G. EVANS, K. PHIPPS, Y. REES, ET W. P. SCOTT, *The Tetra Encyclopedia of Koi*, Salamander Books Ltd., New Jersey, 1989, 208 p.

ENVIRONNEMENT CANADA. *Fiche d'information sur les grands lacs*, 12 p.

HAGEN, R.-M., R. HAGEN. *L'Égypte*, Taschen, Cologne, 1999, 240 p.

HOBHOUSE, Penelope. *L'histoire des plantes et des jardins*, Bordas, Paris, 1994, 336 p.

JAMES, Barry. *A Fishkeeper's Guide to Koi*, Tetra Press, Salamander Book, New York, 1985, 117 p.

JUDANT, Jean-Marie. *Les jardins aquatiques*, Vander, Bruxelles, 1987, 320 p.

LAPALME, Robert. *Comment créer un lac ou un étang*, Éditions de Mortagne, Boucherville, 2000, 192 p.

NASH, Helen. *The pond Doctor*, Sterling Publishing Co., Inc. New York, 1995, 160 p.

PARKER, Steve. *L'étang et la rivière*, Gallimard, Paris, 1988, 64 p.

POOL, David. *Hobbyist Guide To Successful Koi Keeping*, Tetra-Press, Allemagne, 1991, 112 p.

SERA. Brochure : *Le Conseiller. Les maladies des poissons d'ornement*, 27 p.

SLOCUM, P. D. ET P. ROBINSON. *Water Gardening, Water lilies and Lotuses*, Timber Press, Oregon, 1996, 322 p.

TAMADACHI, Michugo. *The Cult Of The Koi*, T.F.H. Publications Inc., New York, 1990, 288 p.

TETON, J. *Jardins d'eau*, La Maison Rustique, Paris, 1992, 144 p.

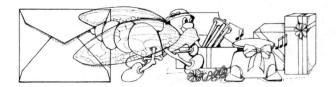

TABLE DES ILLUSTRATIONS

NOTES

NOTES

NOTES

NOTES

NOTES

NOTES

NOTES

NOTES

À FLEUR D'EAU est la première entreprise agricole spécialisée dans la production de plantes aquatiques au Québec.

Cette PME a créé plus d'une vingtaine d'emplois en horticulture et en écologie aquatique. Le personnel reçoit une formation continue dans le domaine spécifique de l'horticulture et de l'environnement aquatique.

Jardins d'eau, lacs, étangs, habitat faunique, marais filtrants, aération, éolienne, bioaugmentation, le personnel est prêt à répondre à vos questions.

En plus du centre de jardinage spécialisé, *À FLEUR D'EAU* offre des services...

- de consultations ;
- de conférences et de formations ;
- d'aménagements de jardins d'eau ;
- de gestions de projet ;
- de plantation et de renaturalisation des berges ;
- de réalisation de lacs et d'étangs ;
- de dépollution de plan d'eau.

À FLEUR D'EAU, c'est aussi un parc floral dédié au milieu aquatique, à visiter. Un moment hors du temps pour la détente et la contemplation.

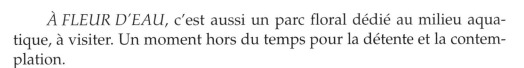

Contactez-nous

Robert Lapalme, spécialiste en environnement aquatique, au :

(514) 862-1994

ou directement *À FLEUR D'EAU*, au :

(450) 248-7008

Télécopie : (450) 248-4623
Courriel : fleurdo@netc.net
Site internet : afleurdeau.qc.ca

IMPRIMÉ AU CANADA